MEIN ALLERLIEBSTES
GESCHICHTENBUCH

MEIN ALLERLIEBSTES
GESCHICHTENBUCH

Inhalt

Der Fuchs und der Elefant 6

Goldlöckchen und die drei Bären 10

Der eingebildete Mönch 14

Warum Eulen starren 16

Tausch gefällig? 18

Das Schaf hat schlechte Laune 19

Matschpfötchen 20

Ausgetrickst! 24

Leos erster Schultag 26

Schlaf gut, kleine Eule! 27

Die traurige Prinzessin 28

Der Anführer der Bären 30

Der Affe und die törichten Tiger 34

Filous großer Wunsch 36

Sammys Baum 38

Versteckspiel 39

Der Fuchs und der Storch 40

Das ist nicht mein Bruder 42

Der listige Hase und der Löwe 46

Warum die Fledermaus das Licht meidet... 48

Die Eule und der Grashüpfer 49

Überraschung beim Einkaufen 50

Daisys großes Abenteuer 52

Der lächelnde Fisch 54

Drei kleine Schweinchen 58

Das tapfere Schneiderlein 60

Ein toller Tag für Max 64

Armer Anton! 65

Nur noch einmal schwimmen! 66

Immer der Nase nach! 68

Keine Zeit für Langeweile! 72

Auf zum König! 74

Bruder und Schwester 76

Der Piratenkönig 78

Waltrauts großes Ei 82

Die Glücksente 84

Gerade noch davongekommen! 86

Blitz und Donner 87

Vom Pinguin, der glitzern wollte 88

Mars, das Pony 90

Super-Max! 94

Die Zauberschuhe 95

Prinz Wohlgemut 96

Der kleine Drache 100

Die Bremer Stadtmusikanten 102

Flamingos Ballettstunde 106

Die drei Federn 108

Die Ameise und die Heuschrecke 110

Zwei Männer und ein Bär 111

Doktor Fips Schwein 112

Des Kaisers neue Kleider 114

Besser noch mal nachdenken! 118

Die fliegende Feuerwehr 120

Die verwunschene Prinzessin 122

Der Fuchs und die Ziege 124

Flug ins Abenteuer 126

Von wegen zu klein! 130

Neue Freunde 132

Der schüchterne Krake 136

Das einsame Ungeheuer 137

Matschpfötchen und die Geburtstagsparty .. 138

Der weiße Elefant 142

Die eitle Krähe 144

Das Trollmädchen Trixie 146

Jans Schulausflug 148

Hans und die Bohnenranke 150

Gute Fahrt, kleiner Drache! 154

Wie groß ist die Liebe? 156

Die Prinzen und der Wassergeist 160

Großmaul und Mücke 162

Der Superroboter 166

Die geschwätzige Schildkröte 168

Die drei Männlein 170

Nur kein Neid! 172

Der faule Jack 174

Nick und die Katze 178

Die Krähe und der Krug 180

Der Schweinehirt 182

Sonne und Mond 186

Schlafosaurus 188

Paulina bleibt auf 192

Der Fuchs und der Elefant

Tief im Dschungel lebte einmal ein großer Elefant. Weil er so riesig war, hielt er sich für etwas Besseres. Wenn er durchs Dickicht stapfte und sich zwischen den Bäumen hindurchzwängte, brach er einfach die Äste ab und zertrampelte die Pflanzen. Kleine Bäume schob er mit seinem Rüssel zur Seite, und es kümmerte ihn wenig, dass er auf seinem Weg durch den Dschungel die Nester vieler Vögel und die Baue von Füchsen und Kaninchen zerstörte.

Die anderen Tiere litten sehr unter dem rücksichtslosen Elefanten. Eines Tages kamen sie alle zu einem geheimen Treffen zusammen und überlegten gemeinsam, was sie gegen ihn unternehmen könnten.

„Wir müssen ihm eine Lektion erteilen", sagte ein schlauer Fuchs. „Das ist der einzige Weg, ihn aufzuhalten. Überlasst das mir."

Der Fuchs beobachtete den Elefanten einige Tage lang. Dann hatte er eine Idee.

Als der Elefant am nächsten Tag seinen Marsch durch den Urwald beginnen wollte, trat der Fuchs vor ihn und sagte: „Großer Herr, ich möchte Euch in einer wichtigen Angelegenheit sprechen."

Der Elefant blickte über seinen Rüssel auf den Fuchs herab. „Für wen hältst du dich, dass du es wagst, mich beim Morgenspaziergang zu stören?", fauchte er.

Statt einer Antwort sprach der schlaue Fuchs: „Eure Hoheit, wir Dschungeltiere haben beschlossen, dass Ihr unser König werden sollt. Ich bin gekommen, um Euch zu den Krönungsfeierlichkeiten zu geleiten."

Das hörte der Elefant gerne. Bereitwillig folgte er dem Fuchs.

Dieser aber führte den Elefanten zu einem Sumpf. Leichtfüßig huschte der Fuchs über den schlammigen Boden.

Doch als der Elefant ihm folgen wollte, blieb er stecken. Je mehr er sich bemühte freizukommen, umso tiefer sank er ein.

„Hilfe!", rief er. „Warum hilft mir denn keiner?"

Der Fuchs sagte: „Nun merkst du endlich, dass du die anderen Tiere brauchst. Ich helfe dir nur, wenn du dich änderst."

„Es tut mir leid", erwiderte der Elefant beschämt. „Wenn du mir hier heraushilfst, werde ich nie wieder Schaden anrichten."

Da hielt der Fuchs ihm einen Ast hin, sodass der Elefant sich aus dem Sumpf ziehen konnte. Und er hielt sein Versprechen: Von nun an war der Elefant der freundlichste Dschungelbewohner, den man sich nur vorstellen kann.

Goldlöckchen und die drei Bären

Es war einmal ein kleines Mädchen, das hieß Goldlöckchen, denn es hatte lockiges goldenes Haar, das im Sonnenlicht glänzte. Goldlöckchen war ziemlich oft ungezogen und tat nicht, was man ihr sagte. Eines Tages wollte sie hinausgehen, um auf der Wiese zu spielen.

„Geh nicht in den Wald hinein", mahnte ihre Mutter, „sonst verläufst du dich."

Anfangs hörte Goldlöckchen noch auf die Worte ihrer Mutter, doch dann fing sie an, sich zu langweilen. „Warum soll ich eigentlich nicht in den Wald gehen. Wenn ich auf dem Weg bleibe, kann ich mich nicht verlaufen!", dachte sie sich. Also hüpfte sie über die Wiese und in den Wald hinein.

Dort hatte sie so viel Spaß dabei, Blätter zu zerstreuen und auf Bäume zu klettern, dass sie völlig vergaß, auf dem Weg zu bleiben.

Erst als ihr Magen knurrte, bemerkte sie, dass sie sich verlaufen hatte.

Plötzlich erschnupperte sie einen leckeren Geruch. Ihr Näschen führte sie zu einem kleinen Haus im Wald. Goldlöckchen klopfte laut an die Tür. Doch niemand öffnete. Sie schaute durch das Fenster, konnte aber niemanden sehen. Also ging sie einfach hinein.

Auf dem Küchentisch standen drei Schüsseln Haferbrei: eine riesengroße, eine mittelgroße und eine winzig kleine. Ohne lang zu überlegen tunkte Goldlöckchen einen Löffel in die große Schüssel und schob sich hungrig den Haferbrei in den Mund.

„AUA!", rief sie. „Viel zu heiß!" Als Nächstes probierte sie den Brei aus der mittelgroßen Schüssel. „IGITT, viel zu kalt!" Nun war die winzig kleine Schüssel an der Reihe. „LECKER!" Der Brei hatte die richtige Temperatur. Goldlöckchen aß in Windeseile die ganze Schüssel leer und leckte noch den Löffel ab.

Dann sah sie sich im Zimmer um. Vor dem Kamin standen drei Sessel: ein riesengroßer, ein mittelgroßer und ein winzig kleiner. „Genau das Richtige für ein Nickerchen", gähnte Goldlöckchen und schmiss sich in den großen Sessel. „Aua!", jammerte sie. „Viel zu hart!" Der mittelgroße Sessel war fast noch schlimmer: „Viel zu weich." Also probierte Goldlöckchen den winzig kleinen Sessel aus. Er war wirklich sehr klein, aber sie schaffte es, sich hineinzuquetschen. Doch da machte es KRACKS! Und dann – KAWUMM! – brach der Stuhl unter ihr zusammen.

„Oje!", rief sie und sprang auf. „Vielleicht merkt es ja niemand."

Goldlöckchen ging ins Schlafzimmer. Dort standen drei Betten: ein riesengroßes, ein mittelgroßes und ein winzig kleines. Goldlöckchen ließ sich auf das riesengroße Bett fallen. UFF! Eindeutig zu klumpig. Dann sprang sie auf das mittelgroße Bett. FLUMP! „Zu wabbelig!", rief sie und rollte herunter. Vorsichtig setzte sie sich auf die Kante des winzig kleinen Betts und wippte ein wenig. Es war genau richtig. Bald schlief Goldlöckchen ein.

Während sie schlief, kamen aber die Bewohner nach Hause: eine Bärenfamilie! Der riesengroße Papabär, der mittelgroßer Mamabär und der kleine Babybär gingen zum Küchentisch, um zu frühstücken.

„Wer hat von meinem Haferbrei gegessen?", brummte Papabär, als er in seine Schüssel sah.

„Und wer hat von meinem Haferbrei gegessen?", brummte Mamabär.

„Ihr habt wenigstens noch Brei übrig!", rief Babybär. „Meine Schüssel ist leer gefressen. Sogar der Löffel ist blank geleckt!"

Nun wollte sich Papabär gemütlich vor den Kamin setzen.

„Wer hat in meinem Sessel gesessen?", brummte er, als er das zerdrückte Kissen sah.

„Wer hat in meinem Sessel gesessen?", brummte auch Mamabär.

„Ihr habt wenigstens noch eure Sessel!", rief Babybär. „Meiner ist in tausend Stücke zerbrochen!"

Dann gingen die drei Bären nach oben ins Schlafzimmer.

„Wer hat auf meinem Bett gelegen?", brummte Papabär, als er die zerwühlte Bettdecke sah.

„Und wer hat auf meinem Bett gelegen?", brummte Mamabär.

„In eurem Bett liegt wenigstens niemand!", rief Babybär. „Schaut mal, wer in meinem schläft!"

In diesem Augenblick wachte Goldlöckchen auf und sah die drei Bären. Zuerst dachte sie, es wäre nur ein Traum. Doch als der riesengroße Bär „Wer bist DU denn?" brummte, wusste sie, dass die Bären echt waren. Goldlöckchen sprang aus dem Bett, rannte die Treppe hinunter und zur Tür hinaus. Sie rannte und rannte, bis sie wieder zu Hause angekommen war. Von diesem Tag an war Goldlöckchen wie verwandelt und hörte auf ihre Mutter. Na ja, zumindest meistens …

Der eingebildete Mönch

Einst zog ein Mönch übers Land, der sehr stolz auf sich selbst war. Er verdiente sich seinen Lebensunterhalt, indem er seine Kenntnis der heiligen Schriften verbreitete. Der Mönch glaubte mehr zu wissen als andere, und das ließ er sich bezahlen.

„Die Menschen können froh sein, dass ich komme und sie um eine milde Gabe bitte", meinte er, als er wieder einmal in eine fremde Stadt kam.

Wenn der Mönch durch die Straßen lief, füllten die Einwohner seine hölzerne Schale mit Nahrung und Geld, wie es damals üblich war.

Der eingebildete Mönch aber machte sich nicht einmal die Mühe, ihnen zu danken. Er fand, dass die Gaben ihm zustanden.

„Ich bin so ein großartiger Mensch, dass meine Wichtigkeit für jeden zu sehen ist", fand er.

Am Stadtrand entdeckte er einige Widder auf einer Wiese. Als der Mönch auf einen davon zuging, senkte der Widder den Kopf und scharrte mit den Hufen.

„Seht doch nur!", sagte der Mönch. „Auch die Tiere spüren, dass ich etwas Besonderes bin. Der Widder verbeugt sich sogar vor mir!"

Der Hirte, der diese törichten Worte gehört hatte, rief laut: „Pass auf! Der Widder verneigt sich nicht, er wird gleich angreifen."

„Ach was!", entgegnete der Mönch. „Dein Widder kann meine Großartigkeit sehen."

Doch im nächsten Augenblick stürmte der Widder schon auf ihn zu. Der Mönch versuchte noch wegzurennen, aber es war zu spät. Als der Widder ihn mit seinen Hörnern durch die Luft schleuderte, flog die hölzerne Schale mit den Almosen auf die Wiese. Der Mönch kam mit einem harten Schlag wieder auf dem Boden auf.

„Ich Ärmster!", jammerte er. „Mir tut jeder Knochen weh, und mein Essen liegt überall im Gras herum."

Der Hirte sprach: „Ich bedaure, aber du hättest besser auf mich hören sollen."

Der Mönch seufzte. „Du hast ja recht", gab er dann zu. „Es tut mir leid, ich war viel zu eingebildet."

Da lächelte der Hirte. „Ich bin sicher, dass du in Zukunft weniger hochmütig sein wirst", sagte er. „Und nun komm, ich lade dich zum Essen ein."

Von diesem Tag an war der Mönch nicht mehr so eingebildet und bedankte sich höflich für jede milde Gabe.

Warum Eulen starren

Vor langer Zeit, da lebten eine Eule und eine Taube. Sie waren Freunde, aber auch Rivalen, und versuchten ständig, einander zu überbieten.

„Eulen können besser sehen als Tauben", sagte die Eule.

„Tauben können viel besser fliegen", erwiderte die Taube.

„Eulen können dafür besser hören", gab die Eule zurück.

„Tauben haben aber schönere Federn", wandte die Taube ein.

Eines Morgens saßen die beiden nebeneinander auf einem Ast, als die Eule sagte: „Ich glaube, es gibt viel mehr Eulen als Tauben."

„Das kann nicht sein", antwortete die Taube. „Bestimmt gibt es mehr Tauben als Eulen. Aber es gibt nur einen Weg, das herauszufinden. Wir schließen eine Wette ab, und dann zählen wir!"

„Also gut", stimmte die Eule zu. „Aber dazu brauchen wir einen Ort mit vielen Bäumen. Wir treffen uns in einer Woche im großen Wald. So haben wir genügend Zeit, allen Bescheid zu geben."

In dieser Woche flogen Eule und Taube in alle Himmelsrichtungen, um ihre Verwandten zur Zählung in den Wald zu rufen. Als der große Tag gekommen war, trafen die Eulen als Erste dort ein. Es schien, als wären alle Bäume voller Eulen. Es waren so viele, dass die Eulen sicher waren, die Zahl der Tauben zu übertreffen.

Plötzlich verdunkelte sich der Himmel, und Wolken von Tauben flogen zum großen Wald. Sie kamen von Norden, Süden, Osten und Westen. Bald gab es kein bisschen Platz mehr in den Bäumen, und die Äste begannen unter dem Gewicht der vielen Tauben zu brechen. Aber es kamen immer noch mehr. Sie kreisten über dem Wald und suchten nach einem Platz zum Landen. Inzwischen war sogar der Waldboden voller Tauben. Die Eulen rissen erstaunt die Augen auf und starrten die Tauben an, die immer noch in Scharen herbeigeflogen kamen. Das Flattern ihrer Flügel war ohrenbetäubend, und die Eulen wurden von denjenigen, die ein Plätzchen in den Bäumen ergatterten, von den Ästen geschubst.

„Bloß weg hier!", riefen die Eulen einander zu und flogen davon. Aber die Ärmsten hatten die Tauben so lange erstaunt angestarrt, dass ihre Augen nun weit aufgerissen blieben – und von diesem Tag an haben Eulen einen starren Blick. Sie verstecken sich am Tag, wenn Tauben in der Nähe sind, und fliegen nur in der Nacht.

Tausch gefällig?

Es war Schlafenszeit, aber Frau Ente kam nicht zur Ruhe. „Ich habe genug davon, eine Ente zu sein und immer nur Wasserpflanzen zu knabbern", sagte sie zu sich selbst.

Da sah sie den Hahn um den Teich spazieren. „Hallo, Hahn!", rief sie. „Was hältst du davon, wenn wir einmal Rollen tauschen?"

Der Hahn war sofort einverstanden. „Wasserpflanzen zu knabbern ist doch viel besser, als jeden Morgen früh aufzustehen", meinte er.

So kam es, dass am nächsten Morgen die Ente herbeiwatschelte, um den Bauern zu wecken. Aber als sie den Schnabel öffnete …

„Quak! Quak! QUAK!"

Arme Frau Ente! Sosehr sie sich auch bemühte, sie brachte keinen richtigen Weckruf zustande, und der Bauer verschlief.

Traurig sagte die Ente: „Hätte ich doch nur meine alte Aufgabe zurück!"

Zum Glück gefiel auch dem Hahn sein neues Leben nicht. „Wasserpflanzen sind eklig", fand er, „und ich vermisse meine Weckrunde."

Als Frau Ente am nächsten Morgen den Schäferhund beim Hüten der Schafe beobachtete, hatte sie eine Idee. Sie watschelte auf die Weide.

„Das macht bestimmt Spaß", sagte sie zu dem Hund. „Tausch gefällig?"

Das Schaf hat schlechte Laune

Das Schaf war schlecht gelaunt. Seine Freunde auf der Farm versuchten, es aufzuheitern, aber ihre Witze halfen nicht. Es fühlte sich, als stecke ein grimmiger Bär in ihm, der unbedingt hinauswollte.

„Ich habe eine Idee", sagte das Pferd, das in solchen Dingen sehr geschickt war.

„Versuch es mal mit schwerer Arbeit."

„Was soll schwere Arbeit schon nützen?", grummelte das Schaf. Aber niemand hatte eine bessere Idee, also beschloss das Schaf, es zu versuchen. Es trug Eierkörbe für die Hühner. Es schleppte Heuballen für die Pferde. Es fuhr mit dem Bauern Traktor. Es arbeitete so schwer, dass es nach und nach seine schlechte Laune vergaß. Und am Abend, als alle müden Bauernhoftiere sich in der Scheune schlafen legten, bemerkte das Pferd, dass das Schaf lächelte.

„Ist sie weg?", fragte das Pferd.

„Ist was weg?", gähnte das Schaf.

„Deine schlechte Laune", lachte das Pferd.

Aber es bekam keine Antwort. Denn das Schaf schlief schon tief und fest!

Matschpfötchen

Es war ein ganz besonderer Tag für Ben. Er hatte einen Hundewelpen bekommen!

„Ich muss mir einen schönen Namen für dich überlegen", dachte Ben.

„Mir ist ganz egal, wie du mich nennst, solange du immer mit mir spielst", dachte der kleine Welpe.

Ben suchte in seinem ganzen Zimmer nach einer passenden Idee.

„Vielleicht finde ich in meinem Lesebuch ja einen hübschen Namen", sagte Ben.

„Ich schaue mir lieber die Pflanze an", dachte der kleine Welpe und entdeckte dahinter einen bunten Schmetterling.

Der Welpe schlich sich zum Blumentopf, schnüffelte kurz und sprang dem Schmetterling hinterher. Er wollte den Topf nicht umkippen – aber genau das tat er. Und er hinterließ überall matschige Pfotenabdrücke.

„Lass uns in den Park gehen. Vielleicht fällt mir da ein guter Name für dich ein", sagte Ben.

„Ich schaue lieber nach, was sich hinter dem Baum verbirgt", dachte der kleine Welpe.

Also lief er und lief. Er wollte nicht in die Pfütze springen – aber genau das tat er. Und er hinterließ überall matschige Pfotenabdrücke.

Bens Nachbarn gaben eine Gartenparty.

„Vielleicht weiß einer der Gäste einen schönen Namen für dich", sagte Ben. „Komm, wir fragen sie!"

„Ich schau lieber in den Teich", dachte der kleine Welpe.

Er beugte sich über das Wasser und noch ein Stückchen weiter.
Er wollte nicht in den Teich fallen – aber genau das tat er. Und er
hinterließ überall matschige Pfotenabdrücke.

„Wir gehen am besten nach Hause und machen dich sauber",
sagte Ben.

„Ich möchte lieber noch in den Garten", dachte der kleine
Welpe.

Dort buddelte er und buddelte und buddelte. Diesmal fand er viele Dinge: einen verlorenen Ring, einen alten Schraubschlüssel und ein Spielzeugauto, das Ben schon lange vermisst hatte.

Er wollte den Dreck nicht ins Haus tragen – aber genau das tat er. Er hinterließ überall matschige Pfotenabdrücke. Und er wollte zwar keinen Namen für sich finden, aber – rate mal! Genau das tat er!

„Du bist der matschigste, lustigste Hund, den ich kenne", sagte Ben lachend. „Für dich gibt es nur einen Namen: Matschpfötchen!"

Ausgetrickst!

Vor langer Zeit lebte einmal eine alte Frau, die in ihrem Garten hart arbeitete. Sie baute Salat und Kohl, Möhren und Gurken an, und wenn das Gemüse reif war, verkaufte sie es auf dem Markt.

Eines Tages aber bemerkte die Frau, dass jemand nachts einige Kohlköpfe stibitzt hatte. Bei diesem Jemand handelte es sich um das schlaue Kaninchen.

Die Frau war sehr traurig, dass sie um die Früchte ihrer Arbeit gebracht wurde. Sie baute eine Falle und fing in der nächsten Nacht das Kaninchen. Sie steckte es in einen Sack und band ihn zu.

Während das Kaninchen überlegte, wie es sich befreien könnte, kam ein Fuchs des Wegs und stolperte im Dunklen über den Sack.

„Na, so was!", wunderte er sich, als er das Kaninchen entdeckte. „Was machst du denn da? Warum versteckst du dich?"

„Das tue ich nicht", erwiderte das Kaninchen. „Die Besitzerin des Gartens möchte mich mit ihrer Enkelin verheiraten, aber ich habe mich geweigert. Da hat die Frau mich einfach in diesen Sack gesteckt. Jetzt holt sie gerade das Mädchen."

Der Fuchs meinte: „Ich suche schon seit Langem eine Frau für mich. Lass uns tauschen, ich heirate das Mädchen gerne."

Er öffnete den Sack, ließ das Kaninchen heraus und kletterte hinein. Eilig band das Kaninchen den Sack zu und lief weg.

Bald kam die alte Frau zurück. „Dir wird das Stehlen schon noch vergehen!", schimpfte sie, während sie den Sack aufschnürte.

Da begriff der Fuchs, dass das Kaninchen ihn hereingelegt hatte. Blitzschnell sprang er davon und suchte nach dem Kaninchen, um sich zu rächen.

Das Kaninchen saß auf einem Felsen und spielte auf seiner Flöte. „Ich übe für eine Hochzeit", erzählte es dem Fuchs. „Für meinen Auftritt werde ich gut bezahlt. Komm doch mit und teile mit mir den Verdienst."

Der Fuchs war sehr habgierig. Im Stillen beschloss er, das Kaninchen zu begleiten und die ganze Bezahlung einzuheimsen.

„Ich habe aber keine Flöte", sagte er laut.

„Das macht nichts, mein Freund", entgegnete das Kaninchen. „Ich laufe schnell heim und hole dir eine."

Das Kaninchen wusste, dass es dem Fuchs nicht trauen konnte. Flink zündete es das trockene Gras rund um den Felsen an und lief davon.

Der Fuchs musste mit großen Sätzen durchs Feuer springen, um sein Leben zu retten. Die Flammen verfärbten seinen dunklen Pelz rotbraun. Seitdem haben alle Füchse rotbraunes Fell, und die Kaninchen und die Füchse sind nie wieder Freunde geworden.

Leos erster Schultag

Es war Leos erster Schultag in der Tierschule von Frau Giraffe. Der kleine Löwe kam zu spät, stürzte eilig ins Klassenzimmer, stolperte über seine Pfoten und landete kopfüber auf seinem Stuhl.

Frau Giraffe beugte sich zu ihm hinunter und sagte freundlich: „Was für ein toller Akrobat du bist!"

In der Pause stieß Leo gegen den Tisch, sodass sein Essen herunterfiel. Als er es aufheben wollte, rutschte er quer durchs Zimmer.

„Was für ein wunderbarer Clown du bist!", sagte Frau Giraffe.

In der Spielzeit prallte der kleine Löwe gegen ein Regal mit Bällen. Als einige davon durch die Luft flogen, fing Leo drei Bälle mit den Pfoten und einen mit seiner Schwanzspitze auf.

„Was für ein guter Jongleur du bist!", meinte Frau Giraffe.

Nach der Schule erzählte Leo seiner Mutter: „Frau Giraffe hat gesagt, dass ich ein guter Akrobat bin. Und ein Clown und ein Jongleur!"

Seine Mutter lächelte. „Nun werde zum Zauberer und lass das Essen von deinem Teller verschwinden."

Schlaf gut, kleine Eule!

Die kleine Eule Fluffi war anders als die anderen Eulen. Tagsüber, wenn Eulen eigentlich schlafen sollen, war sie hellwach. Auf dem Bauernhof gab es so viel zu sehen! Kichernd beobachtete sie die Gänse, die um den Teich watschelten, und die Hühner, die in der Erde scharrten und im Gras herumpickten. Vor Vergnügen musste Fluffi immer wieder laut lachen.

„Du störst uns", sagte ihre Schwester Blinki.

„Lass uns doch endlich schlafen", seufzte ihr Bruder Pling.

Nachts aber, wenn Eulen eigentlich wach sein sollen, war Fluffi sehr müde. Da heckten ihre Geschwister einen Plan aus.

Fluffi traute ihren Augen kaum, als mitten in der Nacht Blinki und Pling wie die Gänse um den Teich watschelten und wie die Hühner in der Erde scharrten und im Gras herumpickten. Die Eule musste so lachen, dass sie die ganze Nacht wach blieb.

Doch als der Morgen kam, fühlte Fluffi sich sehr müde. Da konnten die Gänse noch so lustig watscheln und die Hühner noch so eifrig scharren und picken – jetzt schlief die kleine Eule trotzdem tief und fest!

Die traurige Prinzessin

Es war einmal eine Prinzessin, die immer traurig war. Obwohl sie ein wunderschönes Zuhause und eine liebevolle Familie hatte, sah man sie niemals lachen.

Der König und die Königin wünschten sich so sehr, dass ihre Tochter glücklich werde. So verkündete der König eines Tages: „Wer es schafft, meine Tochter zum Lachen zu bringen, der darf sie zur Ehefrau nehmen!"

Von überall her kamen junge Männer und versuchten, die Prinzessin aufzuheitern.

Aber egal, welche Späße und Scherze sie sich einfallen ließen – sie entlockten der Prinzessin nicht einmal ein Lächeln.

Der König hatte die Hoffnung fast schon aufgegeben, als er eines Tages ein seltsames Geräusch hörte. Es kam aus dem Zimmer der Prinzessin, und als der König eintrat, sah er seine Tochter lachend am Fenster stehen.

Draußen versuchte ein Mann seinen Esel vom Fleck zu bewegen, doch das störrische Tier saß auf seinem Hinterteil und rührte sich nicht. Je stärker der Mann am Seil zog, umso mehr krümmte sich die Prinzessin vor Lachen.

„Komm herein!", rief der König dem Mann zu. „Du bist der Richtige für meine Tochter!"

Bald wurde die Hochzeit gefeiert, und die Prinzessin und ihr Ehemann führten ein glückliches Leben, in dem sie viel zu lachen hatten.

Der Anführer der Bären

Die Braunbären lebten ganz nah beim Fluss. Jedes Jahr im Frühling veranstalteten sie einen Fischfang-Wettbewerb. Dabei stand jeder Teilnehmer auf einem Stein im Wasser und wartete. Sobald sich Fische zeigten, versuchten die Bären sie mit den Pfoten zu packen. Wer an diesem Tag die meisten Fische fing, war der Sieger und durfte ein ganzes Jahr lang der Anführer der Bären sein.

Alex war der kleinste Bär von allen. Er war zu klein, um auf die höchsten Bäume zu klettern und durch die tiefsten Wasserstellen zu waten. Aber er hatte große Träume.

„Ich möchte den Fischfang-Wettbewerb gewinnen", sagte er. „Wenn es mir gelingt, werde ich dafür sorgen, dass kleine Bären wie ich mehr Beachtung finden. Die großen Bären sollen wissen, dass wir Kleinen auch wichtig sind."

Alle lachten, als Alex zum Wettbewerb antrat.

„Du bist zu klein, um ein guter Fischfänger zu sein", meinte einer der größeren Bären. „Ehrlich gesagt bist du zu klein, um irgendetwas richtig gut zu können."

Auch der Anführer der Bären schmunzelte über Alex. „Überlasse den Fischfang lieber uns", sagte er. „Nun geh schon und spiele mit den anderen Babys."

Aber Alex ließ sich nicht entmutigen und stellte sich auf einen Felsen mitten im Fluss.

Wieder lachten die anderen Bären.

„Er hat ohnehin keine Chance", sagten sie kopfschüttelnd. „Weshalb gibt er nicht gleich auf?"

Alex sagte gar nichts und starrte ins Wasser. Als er etwas silbrig aufblitzen sah, schlug er blitzschnell mit der Pfote zu.

„Das war wohl nichts", sagte einer der großen Bären. „Du solltest es besser bleiben lassen."

Alex senkte den Kopf und blickte weiter ins Wasser. Nun versuchte er nicht mehr, die Fische zu erwischen. Stattdessen beobachtete er sie – und bald fiel ihm etwas auf. Die Fische waren schlau! Sie sahen die großen Bären und versuchten, von dieser Gefahr wegzuschwimmen. Weil Alex kleiner war, hielten sie ihn nicht für einen Bären und kamen genau auf ihn zu.

Zack! Der erste Fisch landete auf dem Stein neben Alex. Zack! Zack! Seine Pfoten bewegten sich so schnell, dass die Fische sie nicht kommen sahen. Sein Fischhaufen wurde größer und größer und größer. Die Minuten verstrichen, und schließlich hob der Anführer der Bären die Pfote.

„Schluss!", rief er. „Der Wettbewerb ist vorbei! Lasst uns die Fische zählen."

Als alle Fische gezählt waren, staunte der Anführer nicht schlecht. Er kletterte auf einen Baumstamm und blickte in die Runde.

„Wir waren ziemlich dumm", sagte er. „Nur weil wir größer sind, fühlten wir uns Alex überlegen. Aber er war besser als wir. Er hat den Wettbewerb gewonnen – und somit ist er unser neuer Anführer."

Er kletterte von dem Baumstamm herunter, und Alex nahm seinen Platz ein. Der kleine Bär stellte sich auf die Hinterbeine, um alle gut sehen zu können.

„Ich werde mich bemühen, ein guter Anführer zu sein", sagte er. „Als Erstes ordne ich an, dass von nun an alle Bären, ob groß oder klein, gleich behandelt werden. Denn jeder von uns ist genauso wichtig wie die anderen!"

Der Affe und die törichten Tiger

Der König des Dschungels, ein mächtiger Löwe, lud eines Tages alle Tiere zu einem Fest ein, um die Geburt seines Sohnes zu feiern. Die ganze Nacht hindurch hörte man das Lachen der Tiere. Die Gäste tanzten und ließen sich köstliche Speisen schmecken.

Am nächsten Morgen waren auf den Tischen nur noch Krümel übrig. Als die Tiere sich gemeinsam ans Aufräumen machten, entdeckten zwei Tiger ein großes Kuchenstück, das auf einem Teller im Schatten lag.

„Oh, köstlich!", schnurrte einer der Tiger. „Das werde ich mir gleich zum Frühstück schmecken lassen."

„Von wegen!", protestierte der andere Tiger. „Das Kuchenstück gehört mir. Ich habe es zuerst gesehen!"

„Rühr es ja nicht an!", fauchte der erste Tiger. „Es war meine Idee, es zum Frühstück zu verspeisen."

Die beiden konnten sich nicht einigen und stritten immer weiter. Sie merkten nicht, dass ein Affe sie belustigt beobachtete. Er konnte kaum glauben, wie töricht sie waren.

„Meine Herren, was soll der Streit?", rief der Affe mit lauter Stimme. „Lasst mich den Kuchen für euch beide aufteilen."

Widerstrebend willigten die Tiger ein.

Der freche Affe brach das Kuchenstück entzwei. „Oje", seufzte er. „Das eine Stück ist größer als das andere."

Er biss ein wenig von dem größeren Stück ab. Doch wieder war er nicht zufrieden.

„Wie dumm von mir!", rief der Affe. „Nun ist dieses Stück kleiner als das andere."

Diesmal biss er von dem anderen Stück ab. Und so ging es weiter: Jedes Mal wirkte ein Stück etwas größer als das andere. Der Affe biss mal hier ab und mal dort, bis schließlich nichts mehr von dem Kuchen übrig war. Blitzschnell kletterte er auf einen Baum und verschwand.

Die törichten Tiger erkannten, dass der schlaue Affe sie ausgetrickst hatte.

„Hätten wir doch bloß nicht gestritten", stöhnte der erste Tiger. „Dann hätten wir beide etwas von dem Kuchen abbekommen."

Filous großer Wunsch

Es war einmal ein wunderschönes Holzpferd namens Filou. Es wohnte auf einem Karussell an der Strandpromenade.

Doch Filou war kein gewöhnliches Holzpferd. Er war etwas ganz Besonderes! Jeden Tag kamen Menschen, um ihm über die Nase zu streicheln und sich etwas zu wünschen. Fast alle Wünsche gingen in Erfüllung. Es hieß, Filou stamme aus einem Zauberland.

Filou liebte es, diese Wünsche zu erfüllen. Aber auch er selbst hatte einen großen Wunsch. Er wünschte sich, ein echtes Pferd zu sein und über den weichen Sand und durch die Wellen am Strand galoppieren zu können.

Eines Abends, als alle schon nach Hause gegangen waren, hörte Filou ein Wiehern, und eine wunderschöne weiße Stute erschien.

„Komm mit mir", rief die Stute.

„Ich kann nicht", antwortete Filou, „ich bin doch kein echtes Pferd."

„Alles ist möglich!", sagte die Stute und pustete sanft auf seine Nase. Plötzlich überkam Filou ein seltsames Gefühl. Seine Nase kitzelte, und seine Beine zuckten. Dann schlug er mit den Hufen aus und war frei. Er folgte der weißen Stute so schnell er konnte durch die Wellen.

Sie hielten nicht an, bis sie ein weit entferntes Land erreichten, voller schneeweißer Pferde.

„Wo sind wir?", fragte Filou.

„Hier ist dein Zuhause", antwortete die weiße Stute. „Das Land, aus dem du stammst. Und all diese Pferde sind deine Brüder und Schwestern. Von nun an wirst du hier mit uns leben."

„Aber was ist mit dem Karussell und all den kleinen Kindern? Was ist mit all den Wünschen?"

„Mach dir keine Sorgen", antwortete die weiße Stute. „Du kannst tagsüber auf dem Karussell arbeiten und jeden Abend nach Hause kommen."

„Wieher!", rief Filou erneut und schüttelte vor Freude seine Mähne.

„Jetzt bin ich das glücklichste Pferd der Welt."

Sammys Baum

Der Affe Sammy saß auf dem höchsten Baum des Dschungels und kommandierte seine Freunde herum.

„Heute kein Zutritt für andere!", rief er manchmal. Oder: „Hier darfst du nicht sitzen!" Oder: „Iss diese Beeren nicht."

Bei seinen Freunden wuchs der Unmut. „Sammy will immer alles bestimmen", maulten sie. „Das ist nicht fair."

Nach und nach hörten sie auf, Sammys Baum zu besuchen. Schließlich kam überhaupt kein Affe mehr.

„Wo bleiben nur meine Freunde?", fragte sich Sammy.

Ein Papagei rief: „Sie wollen sich nicht immer von dir herumkommandieren lassen."

Da wurde Sammy traurig. Er hatte seine Freunde vertrieben!

„Bitte sag allen, dass sie wiederkommen sollen", bat er den Papageien. „Ich möchte so gerne meine Freunde zurückhaben!"

Am nächsten Tag wimmelte es in dem Baum wieder von Affen. Sammy lachte und spielte den ganzen Tag mit seinen Freunden. Das machte viel mehr Spaß, als sie herumzukommandieren!

Versteckspiel

Tag für Tag spielte das Erdmännchen Paul im Zoo mit seinem Freund Bernhard. Aber eines Morgens war Bernhard verschwunden.

„Vielleicht versteckt er sich", überlegte Paul. „Ich werde ihn suchen."

Paul zwängte sich durch den Zaun und flitzte ins Elefantenhaus. „Habt ihr Bernhard gesehen?", fragte er. Die Elefanten schüttelten die Köpfe.

Paul lief weiter zu den Krokodilen. „Habt ihr Bernhard gesehen?", fragte er wieder. Aber statt einer Antwort rissen die Krokodile nur ihre Mäuler auf.

Keines der Zootiere hatte Bernhard gesehen! Traurig schlüpfte Paul wieder durch den Zaun in sein Gehege.

„ÜBERRASCHUNG!", rief da eine vertraute Stimme. Plötzlich stand Bernhard mit einer Geburtstagstorte vor Paul.

Paul strahlte. „Ich habe ganz vergessen, dass ich Geburtstag habe", sagte er und pustete die Kerzen aus. „Aber mein größter Wunsch ist schon in Erfüllung gegangen: Mein bester Freund ist wieder da!"

Der Fuchs und der Storch

Vor langer Zeit einmal beschloss der Fuchs, seinem Nachbarn, dem Storch, einen Streich zu spielen.

„Möchtest du bei mir zu Abend essen?", fragte er den Storch eines Morgens. Der Storch war erstaunt über die Einladung, da der Fuchs noch nie freundlich zu ihm gewesen war, nahm aber erfreut an.

Den ganzen Tag lang stieg dem Storch der leckere Duft der Suppe in die Nase, die der Fuchs für den Abend zubereitete. Als er zum Essen eintraf, war er daher sehr hungrig – ganz, wie es der Fuchs beabsichtigt hatte.

„Lass es dir munden", sagte der listige Fuchs und schöpfte ihm eine Kelle Suppe auf einen flachen Teller. Der Fuchs konnte leicht aus dem Teller schlecken, der Storch aber nur seine Schnabelspitze hineintunken. Keinen einzigen Tropfen bekam er so zu essen!

„Mmh, das war köstlich", sagte der Fuchs, als er seine Suppe ausgeschlürft hatte. „Aber du scheinst keinen Appetit zu haben. Also werde ich deine Suppe auch noch essen."

Der arme Storch ging hungrig nach Hause und nahm sich vor, es dem hinterlistigen Fuchs heimzuzahlen. Eine Woche später ging er zu ihm.

„Ich möchte mich für das Essen letzte Woche bedanken", sagte er, „und mich für die Einladung revanchieren. Komm doch heute Abend zu mir zum Essen."

Der Fuchs argwöhnte zwar, dass der Storch sich rächen wollte, konnte sich aber nicht vorstellen, wie ihm das gelingen sollte. Denn schließlich war er für seine Gerissenheit berühmt, und kaum einer hatte ihn jemals hinters Licht geführt.

Den ganzen Tag lang freute sich der Fuchs auf das Essen, und abends war er sehr hungrig. Als er sich dem Storchenheim näherte, stieg ihm der Duft eines köstlichen Fischeintopfs in die Nase, und das Wasser lief ihm im Mund zusammen.

Als der Storch aber auftrug, servierte er den Eintopf in einem hohen Krug mit schmalem Hals. Der Storch konnte den Fisch einfach mit seinem langen Schnabel erreichen, der Fuchs aber nur am Rand lecken und den herrlichen Fischduft riechen. Beschämt musste er sich eingestehen, dass er überlistet wurde – und ging mit leerem Bauch nach Hause.

Das ist nicht mein Bruder

Die Entenküken brachen auf, um schwimmen zu gehen,
ganz hinten lief Dora, konnte sie kaum noch sehen.
„Komm, beeil dich!", rief Bruder Piet ihr noch zu
und schlüpfte gelenkig durch das Gatter im Nu.
„Wo bist du nur, Bruder?", rief Dora ganz laut.

Quakte der Frosch: „Du suchst Piet und die anderen zehn?
Komm her, ich glaub, ich hab sie gesehen."
Dora lief los, der Frosch voran,
bis sie zu einem großen Strohhaufen kam.
Da rief Dora: „Ja, hier muss er sein!",
doch sie sah nur in Frau Hennes Nest hinein.
„Das ist nicht mein Bruder!", rief Dora. „Das ist nur Henne!"

„Du suchst deinen Bruder?", gluckte Henne froh.
„Dann folgst du besser den Spuren im Stroh!"
„Also komm", meinte Frosch, „nun mach keinen Quatsch."
„Bist du sicher?", fragte Dora. „Da liegt so viel Matsch!"
Etwas quiekte hinterm Baum, sie waren nicht allein.
„Da, hör nur", meinte Frosch, „das wird er wohl sein."
„Das ist nicht mein Bruder!", rief Dora. „Das ist nur Schwein!"

Da sagte Schwein: „Dort führen die Spuren zurück.
Versuch doch einmal mit denen dein Glück."
Im hohen Gras hatte Frosch eine Idee,
und er führte sie auf die Lichtung mit Klee.
„Hier gibt's doch keine Entenspur, oder was meinst du?",
sagte Dora zu Frosch, da sprach jemand „Muh!"
„Das ist nicht mein Bruder!", rief Dora. „Das ist nur Kuh!"

„Du suchst deinen Bruder?", fragte Kuh, die ruhig fraß.
„Dann folge dem Pfad dort, mit dem niedrigen Gras."
Die beiden schlugen den Weg auch ein,
der führte direkt in die Scheune hinein.
Plötzlich rief Frosch: „Da ist grad wer vorbeigeflitzt.
Ich wette, dass dein Bruder hinter der Türe sitzt.
„Das ist nicht mein Bruder!", rief Dora. „Das ist nur Maus!"

„Du suchst deinen Bruder?", quiekte Maus. „Zum Haareraufen!
Aber schau mal, durch die Blumen dort ist auch wer gelaufen."
„Meinst du, dass er dort spazieren geht?",
fragte Frosch und hüpfte durchs Beet.
„Sieh, da sind Abdrücke von seinen Füßen,
gleich hinterm Rosenbusch kannst du ihn begrüßen."
„Das ist nicht mein Bruder!", rief Dora. „Das ist nur Ziege!"

„Wenn du Piet suchst", sagte Ziege, und streckte ihre Gelenke,
„dann folge dem Weg hinunter zur Tränke!"
„Na komm", meinte Frosch, „worauf wartest du noch?
Hörst du nicht, da planscht jemand doch!"
„Das ist nicht mein Bruder!", rief Dora. „Das ist nur Hund!"

„Du suchst deinen Bruder?", rief Hund.
„Na, dann lauf mal zum Teich geschwind,
wo sie alle beim Baden sind."
Doch am Ufer war kein Entchen zu sehen,
nur Spuren im Sand von mindestens zehn.
„Sieh nur, Frosch! Nun sei nicht beklommen,
von dort hinten kommen all meine Brüder geschwommen!"

Der listige Hase und der Löwe

Einst herrschte im Dschungel ein mächtiger Löwe. Er war grausam und tötete viel mehr Tiere, als er fressen konnte.

Eines Tages versammelten sich alle Tiere vor seiner Höhle.

„Großer Löwe, bitte hör uns an!", riefen sie. „Du brauchst doch nur ein Tier am Tag, um satt zu werden. Wir haben einen Vorschlag für dich: Von heute an kommt jeden Tag einer von uns zu dir, damit du ihn fressen kannst. So musst du nicht mehr auf die Jagd gehen, und keiner von uns muss unnötig sterben."

Der Löwe dachte kurz nach. Dann sagte er: „Gut, ich bin einverstanden. Aber wenn ich nicht jeden Tag ein Tier bekomme, werde ich euch alle meine Rache spüren lassen."

Nachdem diese Vereinbarung getroffen war, mussten die Tiere nicht mehr ständig um ihr Leben bangen. Allerdings musste jeden Tag eines von ihnen den letzten Weg zur Löwenhöhle antreten.

Eines Tages traf das Los einen schlauen Hasen. Da er nicht als Löwenfutter enden wollte, heckte er einen Plan aus ...

Es war schon spät am Abend, als der Hase beim Löwen erschien.

„Wie kannst du es wagen, mich den ganzen Tag warten zu lassen?", brüllte der hungrige Löwe.

Der Hase erklärte: „Auf dem Weg zu dir bin ich einem anderen Löwen begegnet. Er sagte, er sei der wahre König des Dschungels, und es stünde ihm zu, täglich einen von uns zu fressen."

Als der Löwe das hörte, packte ihn der Zorn. „Bring mich zu diesem Angeber!", rief er. „Ich werde ihm zeigen, wer der echte König des Dschungels ist!"

Der Hase führte ihn zu einem Brunnen. „Der fremde Löwe lebt in diesem Bau", sagte er und deutete in den Brunnenschacht.

Als der Löwe sich über den Rand beugte, sah er im Wasser sein Spiegelbild. Er hielt es für den anderen Löwen und sprang mit lautem Gebrüll in den Brunnen. Das war das Ende des grausamen Löwen.

Die anderen Tiere aber feierten den Hasen für seine Klugheit. Endlich kehrte im Dschungel wieder Frieden ein!

Warum die Fledermaus das Licht meidet

Vor langer Zeit hatten die Vögel und die Säugetiere viele Meinungsverschiedenheiten. Sie beschlossen, einen Kampf auszutragen, um ihre Streitigkeiten ein für alle Mal beizulegen.

Was aber sollte die Fledermaus tun? „Ich habe Flügel wie die Vögel und Fell wie die Säugetiere", überlegte sie. „Ich möchte nicht kämpfen, aber auch nicht zu den Verlierern gehören."

Bald wollten die Vögel wissen, wen sie unterstützte.

Die Fledermaus sagte: „Ich habe Flügel! Natürlich bin ich auf eurer Seite."

Als die Säugetiere fragten, zu wem sie hielt, erwiderte sie: „Ich habe Fell wie ihr. Also ist es klar, dass ich zu euch halte."

Glücklicherweise schlossen die Vögel und die Säugetiere in letzter Minute Frieden, und der Kampf fand gar nicht statt.

Die Fledermaus war sehr erleichtert. Doch als die Vögel und die Säugetiere darauf kamen, dass die Fledermaus sie hinters Licht geführt hatte, waren sie sehr erbost.

Seitdem verbirgt sich die Fledermaus tagsüber im Dunklen und fliegt nur nachts durch die Luft, wenn die meisten anderen Tiere schlafen.

Die Eule und der Grashüpfer

In einem dunklen Wald lebte eine Eule. Sie war nicht mehr die Jüngste und legte großen Wert auf ihren Mittagsschlaf.

Eines Tages, als sie gerade in ihrer Baumhöhle schlief, ließ ein Grashüpfer seinen rauen Gesang hören.

Die Eule erwachte mit einem Ruck. Sie streckte den Kopf aus ihrer Höhle und schimpfte: „Hast du denn gar kein Benehmen? Verschwinde von hier und lass mich schlafen!"

„Du hast mir gar nichts zu sagen", entgegnete der Grashüpfer und ließ gleich eine noch schrägere Melodie erklingen.

Die Eule sah ein, dass sie mit Worten nicht weiterkam. Sie wusste auch, dass sie im Sonnenlicht nicht gut genug sehen konnte, um den Grashüpfer zu schnappen. Also säuselte sie freundlich: „Wenn ich schon wach bleiben muss, dann komm doch wenigstens in meine gemütliche Höhle und singe hier für mich."

Geschmeichelt sprang der Grashüpfer in ihre Höhle. Als die Eule ihn fressen wollte, konnte er gerade noch entkommen. Doch seit diesem Tag achtet der Grashüpfer darauf, dass er beim Musizieren niemanden stört.

Überraschung beim Einkaufen

Als Benjamin Maus ein blaues Fahrrad im Schaufenster des Spielzeugladens sah, sagte sein Vater Herr Maus ihm, Fahrräder seien dummes Zeug. Papa ist viel zu streng, dachte Benjamin.

„Hilf mir stattdessen beim Einkaufen", sagte Herr Maus.

„Einkaufen ist langweilig", grummelte Benjamin.

„Vielleicht macht es ja mehr Spaß, als du denkst", antwortete Herr Maus.

Im Lebensmittelladen suchte Herr Maus Möhren und Äpfel aus. Benjamin beobachtete währenddessen, wie der Lebensmittelhändler mit Äpfeln und Orangen jonglierte. Als er dies seinem Vater erzählte, runzelte der die Stirn.

„Lebensmittelhändler sind zum Jonglieren zu vernünftig", sagte er.

Im Milchgeschäft, wo sie Milch und Käse einkauften, sah Benjamin Frau Kuh in einem rosa Ballettröckchen umherwirbeln. Er erzählte es seinem Vater, der den Kopf schüttelte.

„Kühe sind zum Tanzen viel zu beschäftigt", sagte er.

Zuletzt gingen sie in die Bäckerei. Während Herr Maus einige Teilchen auswählte, sah Benjamin, wie die Bäckerin fünfzehn Donuts auf ihrer Nasenspitze balancierte. Benjamin berichtete dies wiederum seinem Vater.

Der seufzte: „Du fantasierst", sagte er. „Bäcker spielen nicht mit Gebäck."

Als sie auf dem Heimweg wieder an dem Spielzeugladen vorbeikamen, rollte der Verkäufer gerade das blaue Fahrrad hinaus.

„Oh nein! Es ist verkauft!", rief Benjamin.

„Ja, so ist es", antwortete der Verkäufer. „Es gehört DIR!"

Benjamin starrte seinen Vater erstaunt an.

„Hast du es gekauft?", fragte er.

„Ich?", antwortete Herr Maus. „Ich bin viel zu streng, um Spielzeug zu kaufen!"

Aber er zwinkerte dem Verkäufer heimlich zu, als Benjamin aufgeregt auf das Fahrrad sprang.

„Ich helfe dir morgen wieder beim Einkaufen", versprach Benjamin. „Du hast recht, es macht mehr Spaß, als ich dachte!"

Daisys großes Abenteuer

Es war einmal ein rotes Kätzchen, das hieß Daisy. Es gehörte einem kleinen Jungen namens Kai. Daisy war eine glückliche kleine Katze. Am liebsten spielte sie im Garten oder in Kais Zimmer. Sie liebte seine Spielzeuge und kannte jedes einzelne mit Namen. Und nach einem langen Spieltag rollte sich Daisy auf Kais Bett zum Schlafen ein.

Eines Morgens wachte Daisy auf und sah, dass etwas Neues auf Kais Fußboden stand. Es war groß, eckig und aus Holz

„Was kann das nur sein?", fragte sie sich. Sie beschnüffelte das „Ding" vorsichtig und stupste es mit der Pfote an. „Vielleicht ist das ein neuer Schlafplatz für mich", dachte sie und hüpfte hinein, um es auszuprobieren. Aber sofort hüpfte sie wieder hinaus. Das „Ding" war voller kleiner Leute. Sie waren fein angezogen und sahen sehr wichtig aus. Einer von ihnen ritt sogar auf einem Pferd.

„Wer ist das, und wo kommen sie her?", fragte Daisy sich. Sie versteckte sich hinter dem Springteufel und beobachtete, was sie wohl tun würden. Daisy wartete und wartete, aber die kleinen Leute rührten sich nicht. Selbst das Pferd blieb absolut ruhig.

„Wie seltsam", dachte Daisy. Sie kroch aus ihrem Versteck und gab einem der Leute einen Stups. Der arme Kerl fiel zu Boden, doch er bewegte sich nicht.

„Entschuldigung", miaute sie. „Ich hoffe, ich habe Ihnen nicht wehgetan!"

Da wachte Kai auf. Als er Daisy miauen hörte, sprang er aus dem Bett und nahm sie auf den Arm.

„Was machst du da?", lachte er und drückte sie. „Spielst du etwa mit meinen neuen Rittern und der Burg?"

„Ach so", dachte Daisy. „Deshalb bewegen die sich nicht. Das sind Spielzeuge."

Und von nun an war die Burg Daisys Lieblingsspielzeug. Besonders gern spielte sie Ritter und Drache – der Drache war natürlich ihre Rolle!

Der lächelnde Fisch

Mateo war ein Fisch, der tief unten im Meer lebte. Dort war es immer dunkel. Nicht der kleinste Lichtstrahl erreichte jemals den Meeresgrund. Nur Mateo selbst leuchtete hell wie die Sonne. Er hatte ein strahlendes Lächeln. Aber er hatte noch nie den Himmel und die Sonne gesehen, und er hatte keine Ahnung, wie sich der Wind anfühlte, der übers Meer strich.

„Wie ist es denn dort oben?", erkundigte sich Mateo bei seinem Freund, dem Krebs.

Der Krebs antwortete: „Oben auf der Erde ist es sehr heiß und sehr hell. Und es ist gefährlich, denn dort gibt es Menschen. Sie fangen gerne Fische und Krebse, um sie dann aufzuessen."

Einige andere Meerestiere hatten zugehört.

„Er hat recht", sagte eine Qualle. „Die Menschen zählen nicht zu unseren Freunden."

Ein Schwertfisch berichtete: „Ich war einmal in einem großen Netz gefangen. Zum Glück konnte ich ein Loch hineinsägen und mich befreien."

Doch Mateo rief: „Ich möchte so gerne einmal die Sonne und die Wellen sehen. Und bestimmt sind nicht alle Menschen böse."

Der Krebs sagte: „Bleib lieber hier. Da oben ist es zu gefährlich."

Aber Mateo wollte sich unbedingt selbst einmal dort oben umsehen. Also schwamm er höher und höher und HÖHER!

Allmählich wurde das Wasser heller. Alles sah weniger düster aus, und bald war alle Dunkelheit verschwunden. Dann war es so weit: Mateo streckte den Kopf aus dem Wasser und spürte eine kühle Brise auf seiner schuppigen Haut. Auf seinem Gesicht breitete sich ein glückliches Lächeln aus, und seine bunten Schuppen glitzerten im Sonnenlicht.

Genau in diesem Augenblick kam eine Familie in einem kleinen Fischerboot vorbei.

„Seht euch nur diesen Fisch an!" Das Mädchen deutete auf Mateo. „Ist er nicht wunderschön?"

„Kommt, den schnappen wir uns!", rief ihr Bruder, und auch der Vater wollte den prächtigen Fisch gerne fangen.

Der Junge warf seine Angelschnur aus. Sie schoss genau auf Mateo zu, der nicht wusste, wozu die Menschen Angeln benutzen.

„Schwimm schnell weg!", rief das Mädchen ihm zu. „Los, bring dich in Sicherheit!"

Mateo tauchte ab und schwamm von der Angelschnur weg.

Ärgerlich blickten der Junge und sein Vater ihm nach, doch das Mädchen lächelte. Mateo drehte sich noch einmal um und lächelte zurück. Er wusste, dass er eine Freundin gefunden hatte. Doch er hatte genug gesehen. Nun machte er sich auf den Rückweg und tauchte wieder tief hinab in seine dunkle Heimat.

Dort unten warteten seine Freunde auf ihn. Als Mateo wohlbehalten zurückkehrte, jubelten sie und tanzten erleichtert um ihn herum.

„Wie bist du nur all den Gefahren entkommen?", fragte der Krebs.

Mateo berichtete: „Ein Menschenkind hat mir geholfen. Glaubt mir, nicht alle Menschen wollen Fische fangen. Unter ihnen gibt es auch echte Freunde!"

Drei kleine Schweinchen

Es waren einmal drei kleine Schweinchen, die bei ihrer Mutter lebten. Eines Tages war es so weit: Sie machten sich auf in die Ferne, um ihre eigenen Häuser zu bauen.

„Nehmt euch vor dem bösen Wolf in Acht", riet die Schweinemutter zum Abschied.

Nach einer Weile trafen sie einen Mann, der einige Strohbündel trug.

„Ich baue mein Haus aus Stroh", sagte das erste Schweinchen. Die zwei anderen Schweinchen gingen weiter. Nach kurzer Zeit trafen sie einen Bauern, der stapelte Holz.

„Ich baue mein Haus aus Holz", sagte das zweite Schweinchen. Das dritte Schweinchen ging allein weiter die Straße entlang, bis es einem Mann begegnete, der eine Karre mit Ziegelsteinen zog.

„Ich baue ein stabiles Haus aus Ziegelsteinen", rief das dritte Schweinchen, das sehr schlau war. Es machte sich sofort daran, sein Haus zu bauen und schuftete, bis das Steinhaus schließlich fertig war.

Am nächsten Morgen saß das erste Schweinchen gerade vor seinem Strohhaus, als der Wolf vorbeikam.

„Schweinchen, Schweinchen, lass mich rein", jaulte der Wolf. „Niemals, nein-nein-nein", antwortete das vor Angst schlotternde Schweinchen. Mit nur einmal Luftholen pustete der Wolf das Strohhaus um.

„Hilfe!", quiekte das Schweinchen und rannte, so schnell es konnte, zum Holzhaus seines Bruders.

Es dauerte nicht lang, da kam der Wolf beim Holzhaus an. Als die zwei kleinen Schweinchen ihn sahen, verriegelten sie die Tür.

„Schweinchen, Schweinchen, lasst mich rein", rief der Wolf.

„Niemals, nein-nein-nein", antworteten die Schweinchen.
Da pustete er auch das Holzhaus um.

„Hilfe!", jammerten die beiden Schweinchen. Dann rannten sie laut quiekend die Straße hinunter zum Steinhaus ihres Bruders und versteckten sich dort. Der Wolf war ihnen schon auf den Fersen.

„Schweinchen, Schweinchen, lasst mich rein", knurrte der Wolf.
„Niemals, nein-nein-nein", antworteten die drei. Da Pusten nicht half, raste der Wolf vor Wut.

„Ich komme durch den Schornstein!", schrie er. Aber das dritte Schweinchen hatte schon den Wasserkessel über das Feuer gesetzt. Der Wolf rutschte den Schornstein herunter und landete im kochend heißen Wasser. „Auaaa!", jaulte er und sprang aus dem Kessel. Dann rannte er davon und ward nie mehr gesehen.

Das tapfere Schneiderlein

Als ein junger Schneider eines Tages ein Marmeladenbrot aß, flogen einige Fliegen um ihn herum. Er schnappte sich einen Stoffrest, der auf seinem Arbeitstisch lag, und erschlug damit sieben Fliegen auf einmal.

„Oh! Sieben auf einen Streich!", rief er erstaunt. Er war so zufrieden mit sich selbst, dass er die Worte „Sieben auf einen Streich!" auf seinen Gürtel stickte.

Nun zog der Schneider aus, um seine Tapferkeit bei einem kleinen Abenteuer unter Beweis zu stellen. Er legte seinen Gürtel an und packte einen Laib Brot und etwas Käse ein.

Draußen sah er einen Vogel in der Erde herumpicken.

„Begleite mich doch bei meinem Abenteuer", meinte der Schneider. Er setzte den Vogel in sein Säckchen und marschierte los. Bald begegnete er einem Riesen, der die Dorfbewohner schon seit vielen Jahren in Angst und Schrecken versetzte.

„Guten Tag, mein Freund!", rief der kleine Schneider ihm zu.

Der Riese brüllte: „Wer wagt es, so mit mir zu sprechen?" In diesem Augenblick sah er, was auf dem Gürtel des Schneiders stand. Hatte der Schneider etwa sieben Riesen auf einen Schlag besiegt?

Der Riese beschloss, den Schneider auf die Probe zu stellen. Er nahm einen großen Stein in die Hand, zerquetschte ihn in kleine Stücke und rief: „Wetten, dass du das nicht kannst, kleiner Mann?"

„Von wegen!", lachte der Schneider, holte ein Stück Käse aus seinem Säckchen und zerkrümelte es in kleine Stückchen.

Der Riese warf einen anderen Stein in die Höhe. „Wetten, dass du nicht so hoch werfen kannst?"

Der Schneider aber holte den Vogel aus seinem Säckchen und ließ ihn frei. Der Vogel flog viel höher in den Himmel hinauf als der Stein des Riesen.

Der Riese traute seinen Augen kaum. Er sagte: „Wenn du so ein toller Kerl bist, dann komm doch mit und verbringe die Nacht in meiner Höhle."

Der kleine Schneider folgte ihm in seine Höhle. Sobald der Riese schlief, kletterte der Schneider aus dem Bett und verkroch sich in einer Ecke.

Mitten in der Nacht ließ der Riese einen Ast auf das Bett herunterkrachen. Er glaubte, den Schneider erschlagen zu haben, und stürmte ins Dorf.

Die Dorfbewohner schrien entsetzt auf, als der Riese durch die Straßen stapfte. Da trat der kleine Schneider aus der Dunkelheit.

„Dieser gewaltige Riese konnte mich nicht besiegen!", rief er.

Der Riese glaubte, einen Geist zu sehen, und bekam es mit der Angst zu tun. So schnell er konnte, rannte er davon und wurde nie wieder gesehen.

Die Dorfbewohner aber dankten dem kleinen Schneider von Herzen für seine Tapferkeit.

Ein toller Tag für Max

Max liebte es, neue Dinge auszuprobieren. Doch heute fiel ihm nichts Neues mehr ein. „Ich habe geübt, im Kopfstand zu schaukeln", sagte er zu seiner Mutter. „Ich habe Matschkuchen gebacken, bin Einrad gefahren und auf Stelzen gelaufen. Was könnte ich nun noch versuchen?"

Seine Mutter meinte: „Schon vergessen, dass heute dein erster Schultag ist?"

„Und wenn ich dort nichts Neues lerne?", fragte Max zurück.

Da lächelte seine Mutter nur.

In der Schule sagte der Lehrer: „Heute schreibt ihr als Erstes eure Namen auf all eure Bücher. Anschließend übt ihr Seilklettern, und danach zeige ich euch, wie ihr ein Lied auf dem Klavier spielen könnt."

Es war ein wunderbarer Tag. Max lernte jede Menge neue Spiele und noch mehr neue Freunde kennen. Er stellte sogar einen Trank her, der durch das ganze Klassenzimmer quoll.

„Wie war es?", fragte die Mutter mittags.

„Super!", erwiderte Max strahlend.

„Von den neuen Dingen in der Schule werde ich nie genug bekommen!"

Armer Anton!

Im Leben von Anton war nichts normal. Seine Mutter war eine Hexe und sein Vater ein Zauberer. Antons Kleidung wurde nicht in der Maschine gewaschen, sondern durch Magie. Wenn Anton aber selbst einmal den Zauberspruch für saubere Wäsche aufsagte, ging alles schief. So kam es, dass er eine pinkfarbene Sporthose hatte. Armer Anton!

Bei ihm zu Hause wurde das Essen nicht gekocht, sondern gezaubert. Doch wenn Anton es selbst versuchte, kamen garantiert blaue Hamburger oder gestreifte Joghurts heraus. Armer Anton!

Eines Tages hatte er einen Geistesblitz. Vielleicht konnte er wenigstens seine Hausaufgaben durch Zauberei erledigen?

„Abrakadabra!" Oje! Eines der Schulbücher verwandelte sich in einen lilafarbenen Frosch! Anton versuchte es noch einmal. Peng!, wurde aus einem anderen Buch ein grüner Papagei.

Anton legte den Zauberstab weg. „Es ist wohl besser, wenn ich meine Hausaufgaben ohne Magie mache", seufzte er. Armer Anton!

Nur noch einmal schwimmen!

Es war ein wunderschöner Morgen. Mama Bär und ihre Babys stapften aus ihrer Schneehöhle und streckten sich.

Mama Bär schnupperte an der Luft und lief zum Wasser. Die Bärenjungen stapften hinterher. Mama Bär grub ein Loch in die Eisdecke. Sie tauchte ihre Tatze hinein und fing einen Fisch. Die Bärenjungen versuchten, es ihr nachzumachen. Eins grub ein Loch. Die anderen sprangen auf der Eisdecke herum und verscheuchten so die Fische. Die Bärenjungen begannen zu zanken und zu kämpfen. Sie warfen einander in den Schnee und liefen auf ihren Schneeschuh-Pfoten hin und her.

Sie lachten und tobten, doch dann sahen sie etwas Außergewöhnliches.

„Was ist das?", fragten sie und schauten erstaunt auf das blaugrüne Meer.

Von nun an führte Mama Bär ihre Jungen jeden Morgen ein Stück näher ans Meer heran.

Dann, eines Tages, näherten sie sich langsam und vorsichtig dem Ufer, und Mama Bär glitt ins Wasser.

„Komm zurück", riefen die Bärenjungen ängstlich. Doch Mama Bär schwamm auf eine Eisscholle zu.

Die Bärenjungen warteten zitternd auf dem dünnen Eis. Das Wasser kräuselte sich am Ufer.

Mama Bär rief ihre Babys. Sie sollten sich auch ins Wasser trauen.

Die Bärenjungen steckten zögerlich eine Pfote ins Wasser und zogen sie gleich wieder raus. Brrr, war das kalt!

„Habt keine Angst", rief Mama Bär. „Ihr schafft das!"

Und schon paddelten die kleinen Eisbären im Meer. Sie plantschten und tobten im eisigen Wasser. Sie spielten so lange, bis Mama Bär schließlich sagte: „Genug geübt!"

Dann brachte Mama Bär ihre Babys zu einem Blaubeerstrauch. Sie naschten Beeren, bis ihre Tatzen ganz blau waren. Mama Bär genoss es, sich die Sonne aufs feuchte Fell scheinen zu lassen.

Aber ihre Babys hatten dazu keine Lust. Sie sprangen wieder ins Wasser und riefen: „Nur noch einmal schwimmen!"

Immer der Nase nach!

Milo liebte sein Frauchen Marie.
Doch er hörte nicht immer auf sie.
Wenn es irgendwo etwas zu essen gab,
setzte Milo sich sogleich in Trab.

Seine Nase war die feinste weit und breit –
sie roch jeden Happen meilenweit!
Und wenn seiner Nase etwas gefiel,
führte sie Milo sicher zum Ziel!

WUFF, WUFF! Ob im Garten oder bei Tisch,
fast überall roch es verführerisch!
Im Park wehte feiner Brötchenduft
durch die warme Sommerluft.

Milo konnte nicht anders, schnell hinterher!
Doch er erwischte das Brötchen nicht mehr.
Seine Nase lockte ihn weiter davon.
Hmm, frische Äpfel! Milo freute sich schon!

Die duftenden Äpfel fand er im Nu.
Sie lagen in einer Rakete, nanu?
UPS! Da ging hinter Milo die Türe zu!

SECHS

FÜNF

VIER

DREI

ZWEI

EINS ...

PENG!

Was für ein Knall!
Milo wirbelte durchs All.

Auch auf dem Mond fand Milo Futter.
Denn der bestand aus Erdnussbutter!

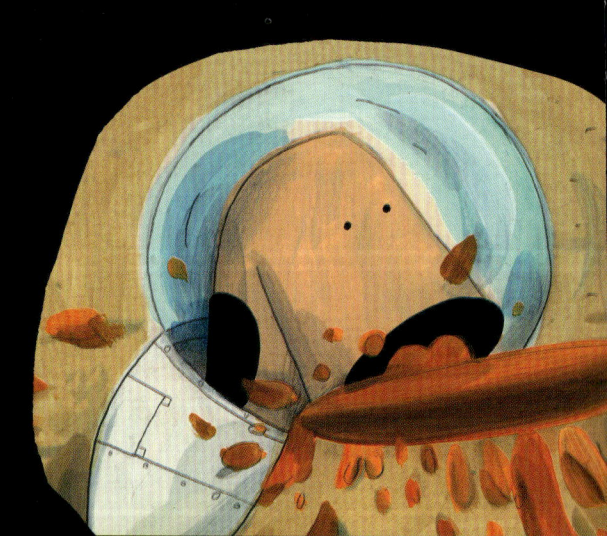

Da nahm Milo etwas Vertrautes wahr.
Es war weit entfernt und roch wunderbar.
Seine Nase zitterte aufgeregt.
Marie hatte Würstchen aufgelegt!

„Da bist du ja wieder!", rief Frauchen Marie.
Wo Milo gewesen war, erriet sie nie.
Sie kraulte sein Fell mit den schwarzen Flecken.
Und Milo ließ es sich erst einmal schmecken!

Egal, wohin Milo auch lief – zum Glück
führte seine Nase ihn immer wieder ...

ZURÜCK!

71

Keine Zeit für Langeweile!

Billy Fuchs blickte aus dem Fenster und seufzte. Draußen war es so kalt und windig, dass er nicht hinausgehen konnte.

Er hatte schon mit all seinen Spielsachen gespielt und sein Lieblingsbuch bis zur letzten Seite durchgeblättert. Nun blieb ihm nichts anderes übrig, als aus dem Fenster zu schauen und den Blättern zuzusehen, die der Wind durch die Luft pustete.

„Mir ist langweilig", seufzte Billy. „Kann ich wirklich nicht raus?"

„Leider nein", erwiderte sein Vater. „Das ist viel zu gefährlich, denn draußen braut sich gerade ein Sturm zusammen. Aber warum vertreiben wir uns die Zeit nicht gemeinsam?"

Billy meinte: „Hier drinnen ist es langweilig. Ich möchte so gerne draußen mit meinen Freunden spielen."

„Heute geht das nun mal nicht", bedauerte sein Vater. „Wie wäre es, wenn wir stattdessen köstliche Törtchen backen?"

„Na gut", murmelte Billy nicht sehr begeistert. Lustlos sah er zu, wie sein Vater die Zutaten in eine Rührschüssel gab.

„Komm schon!", lächelte der Vater. „Hilf mir, alles zu vermischen." Er drückte seinem Sohn einen Holzlöffel in die Pfote, und beide rührten nach Leibeskräften um.

„Brrrrr!", ratterte Papa Fuchs, als wäre er ein Betonmischer.

„Brrrrr!", stimmte Billy ein. Es dauerte nicht lange, bis er zu seinem eigenen Erstaunen merkte, dass es ihm Spaß machte.

Bald schob sein Vater die Törtchen in den heißen Ofen. „Nun müssen wir warten, bis sie fertig sind", sagte er.

Billy meinte: „Aber das dauert ja ewig!"

„Ich kann dir solange eine Geschichte erzählen", schlug sein Vater vor. „Es war einmal vor langer Zeit ..."

Die Geschichte war gerade zu Ende, als die Törtchen fertig waren. Die beiden ließen es sich schmecken.

„Köstlich!", rief Billy. „Aber am schönsten war es, dass wir den Tag gemeinsam verbracht haben. Können wir das morgen wieder machen?"

Auf zum König!

Eines Tages fiel eine Eichel vom Baum. Sie traf Kira Küken am Kopf und rollte dann unbemerkt davon.

„Oh nein!", gackerte Kira Küken. „DER HIMMEL STÜRZT EIN!"

„Gaaa-ga-ga-gack!", rief Hanna Huhn. „Schnell, das müssen wir dem König erzählen!"

Sie liefen los und trafen unterwegs Hugo Hahn.

„Wohin so eilig?", erkundigte er sich.

„DER HIMMEL STÜRZT EIN!", rief Kira Küken. „Wir wollen zum König, um es ihm zu erzählen."

„Kikeriki!", krähte Hugo Hahn. „Nehmt mich mit!"

So wanderten Kira Küken, Hanna Huhn und Hugo Hahn weiter. Bald begegneten sie Erna Ente.

„Was soll das eilige Geflatter?", wollte sie wissen.

„DER HIMMEL STÜRZT EIN!", rief Kira Küken. „Wir wollen zum König, um es ihm zu erzählen."

„K-kann ich m-mitkommen?", schnatterte Erna Ente ängstlich.

So eilten Kira Küken, Hanna Huhn, Hugo Hahn und Erna Ente gemeinsam weiter.

Sie kamen bei Erwin Erpel vorbei.

„Was ist denn mit euch los?", fragte er.

„DER HIMMEL STÜRZT EIN!", rief Kira Küken.
„Wir wollen zum König, um es ihm zu erzählen."

„Nicht ohne mich!", quakte Erwin Erpel.

Gemeinsam liefen Kira Küken, Hanna Huhn, Hugo Hahn,
Erna Ente und Erwin Erpel weiter.

Es dauerte nicht lange, da stießen sie auf Greta Gans und
Theo Truthahn.

„DER HIMMEL STÜRZT EIN!", rief Kira Küken.
„Wir wollen zum König, um es ihm zu erzählen."

„Wir kommen mit", sagten Theo Truthahn und Greta Gans.

So zogen Kira Küken, Hanna Huhn, Hugo Hahn, Erna Ente,
Erwin Erpel, Greta Gans und Theo Truthahn zum König.

Auf einmal trat ihnen Freddy Fuchs entgegen. „Hallo!", sagte
er. „Wo wollt ihr denn hin?"

„DER HIMMEL STÜRZT EIN!", rief Kira Küken.
„Wir wollen zum König, um es ihm zu erzählen."

Freddy Fuchs grinste listig. „Ich kenne eine Abkürzung",
behauptete er. „Kommt nur mit!"

Und er führte sie genau … bis zu seinem Bau!

„SCHNELL WEG HIER!",
schrie Kira Küken.

Die sieben Vögel stürzten nach Hause,
flatternd und schnatternd, so schnell sie nur
konnten. Deshalb weiß der König bis heute
nicht, dass der Himmel einstürzt.

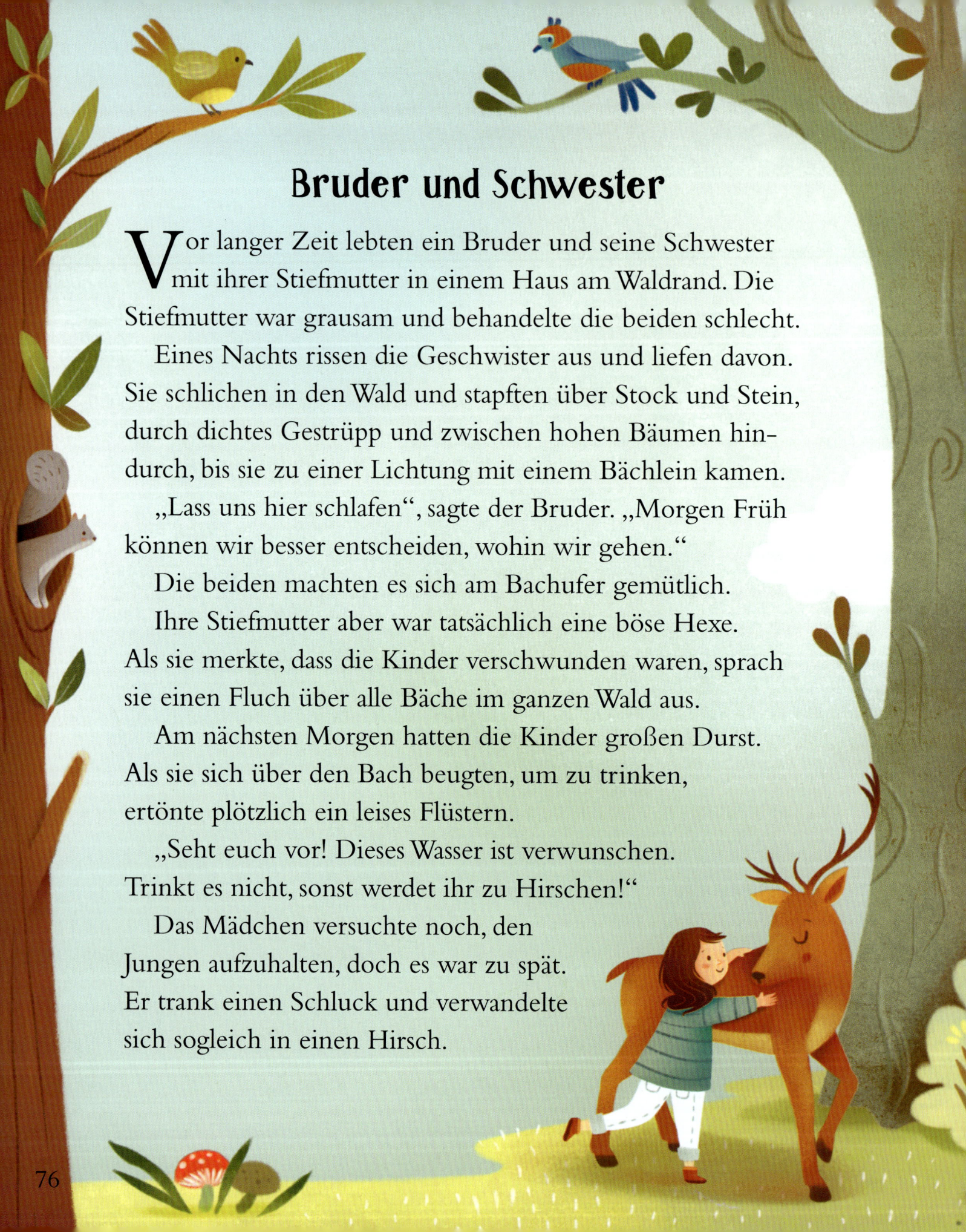

Bruder und Schwester

Vor langer Zeit lebten ein Bruder und seine Schwester mit ihrer Stiefmutter in einem Haus am Waldrand. Die Stiefmutter war grausam und behandelte die beiden schlecht.

Eines Nachts rissen die Geschwister aus und liefen davon. Sie schlichen in den Wald und stapften über Stock und Stein, durch dichtes Gestrüpp und zwischen hohen Bäumen hindurch, bis sie zu einer Lichtung mit einem Bächlein kamen.

„Lass uns hier schlafen", sagte der Bruder. „Morgen Früh können wir besser entscheiden, wohin wir gehen."

Die beiden machten es sich am Bachufer gemütlich.

Ihre Stiefmutter aber war tatsächlich eine böse Hexe. Als sie merkte, dass die Kinder verschwunden waren, sprach sie einen Fluch über alle Bäche im ganzen Wald aus.

Am nächsten Morgen hatten die Kinder großen Durst. Als sie sich über den Bach beugten, um zu trinken, ertönte plötzlich ein leises Flüstern.

„Seht euch vor! Dieses Wasser ist verwunschen. Trinkt es nicht, sonst werdet ihr zu Hirschen!"

Das Mädchen versuchte noch, den Jungen aufzuhalten, doch es war zu spät. Er trank einen Schluck und verwandelte sich sogleich in einen Hirsch.

Die Schwester erschrak, doch sie sprach ihrem Bruder Mut zu. „Mach dir keine Sorgen", sagte sie. „Von nun an werden wir gemeinsam im Wald leben, und ich werde für dich sorgen."

Sie verbrachten viele glückliche Jahre miteinander.

Doch eines Tages traf der Pfeil eines Jägers den Hirsch am Bein. Der Jäger, der zufällig ein Prinz war, folgte dem verletzten Tier. Als er sah, wie liebevoll das Mädchen den Hirsch verarztete, verliebte sich der Prinz in sie.

Es dauerte nicht lange, bis die Schwester den Prinzen heiratete. Sie nahm den Hirsch mit zum Palast, sodass er weiter in ihrer Nähe blieb. Nach einigen Jahren hatten die Schwester und ihr verwunschener Bruder die boshafte Stiefmutter fast vergessen.

Doch die gemeine Hexe fand heraus, wo die beiden lebten. Sie schlich in den Palast, um einen weiteren Fluch auszusprechen. Als die Wachhunde sie hinausjagten, richtete sich der Zauberspruch gegen die Hexe selbst, und sie löste sich in Luft auf.

Im gleichen Augenblick verlor der alte Fluch seine Wirkung, und der Bruder nahm wieder seine menschliche Gestalt an. Von nun an lebte er glücklich und zufrieden mit seiner Schwester im Palast.

Der Piratenkönig

Der Piratenkönig steckte in Schwierigkeiten. Fremde Piraten hatten sein Schiff angegriffen, und ein heftiger Kampf war entbrannt. Obwohl seine Mannschaft kleiner war, hatte der Piratenkönig tapfer gekämpft. Doch schließlich hatten ihn seine Männer im Stich gelassen und waren zu dem anderen Schiff übergelaufen.

„Wie soll ich dem Meer nur ganz alleine die Stirn bieten?", seufzte der Piratenkönig, während er auf eine kleine Insel zusteuerte. „Was bleibt mir noch anderes übrig, als hierzubleiben?"

Aber ein echter Pirat lässt den Kopf nicht lange hängen. „Ich steche wieder in See!", rief der Piratenkönig bald aus. „Nun werde ich eben selbst meine Mannschaft sein."

Er ging an Bord und machte die Leinen los. Die Piratenflagge wehte im Wind, während er neuen Schätzen und Abenteuern entgegensegelte.

Einige Tage später entdeckte der Piratenkönig ein anderes Schiff. Er richtete all seine Kanonen darauf und … BUMM! BUMM!

„Wir ergeben uns!", rief die Besatzung des fremden Schiffes.

Der Piratenkönig ließ alle von Bord gehen und sah sich dann nach Schätzen um.

Das fremde Schiff hatte kistenweise Diamanten, Perlen, Rubine und kostbare Münzen geladen. Er verstaute alles auf seinem Schiff und machte sich auf die Suche nach einem sicheren Ort, an dem er den Schatz vergraben konnte.

Schließlich entdeckte der Piratenkönig einen einsamen Strand. Dort machte er sich an die Arbeit und grub ein tiefes Loch. Er ließ die glänzenden Juwelen und Münzen in die Erde hinab und bedeckte alles über und über mit Sand.

„Hier ist mein Schatz sicher vor anderen Piraten", sagte er. „Nun ist es an der Zeit, eine neue Besatzung zu finden."

Guter Dinge segelte er los. Bald darauf sah er einen Mann in zerlumpter Kleidung, der im Wasser trieb und sich an einer zerbrochenen Planke festhielt.

„Was ist geschehen?", erkundigte sich der Piratenkönig.

„Mein Schiff ist gesunken", klagte der Mann. „Bitte hilf mir!"

Der Piratenkönig fragte: „Willst du Bootsmann auf einem Piratenschiff werden und für einen kühnen Piratenkapitän arbeiten?"

Der Mann nickte glücklich und kletterte an Bord.

Während der Piratenkönig und sein Bootsmann weitersegelten, füllte sich das Schiff nach und nach mit einer neuen Mannschaft. Doch inzwischen machten Gerüchte vom Schatz des Piratenkönigs die Runde. In einer Stadt, die nur durch einen großen Wald von dem einsamen Strand getrennt war, begannen die Menschen nach den kostbaren Juwelen und Münzen zu suchen.

„Piraten lieben es, ihre Schätze zu vergraben", überlegte ein Mann aus dieser Stadt. „Wenn ich nur tief genug grabe, werde ich den Schatz des Piratenkönigs bestimmt finden."

Mit einem Spaten und einem Schutzhelm ausgerüstet machte er sich an die Arbeit. Er grub einen Tunnel, der unter der Stadt und unter dem Wald hindurch bis zu dem einsamen Strand führte. Doch als er dort aus dem Tunnel kroch, erlebte der Mann eine Überraschung. Vor ihm stand der Piratenkönig!

Der ganze Strand war voller Piraten mit blinkenden Messern. Als sie den Mann mit dem Schutzhelm sahen, brach ein wüstes Geschrei los. Schon stürzten sich die Piraten auf ihn.

Der Mann bekam es mit der Angst zu tun, sprang blitzschnell zurück in den Tunnel und rannte nach Hause. „Ich werde mich nie wieder mit Piraten anlegen", schwor er sich.

Der Piratenkönig aber holte den Schatz aus der Erde und ging mit seinen Männern an Bord.

„Anker los!", rief er. „Nun habe ich eine Mannschaft und einen Schatz. Mehr braucht ein Piratenkönig nicht, um dem Meer die Stirn zu bieten!"

Waltrauts großes Ei

Es war Frühling, und die Sonne schien warm auf den Bauernhof am Fluss. Waltraut Ente saß am Ufer und quakte ungeduldig. Jetzt saß sie schon seit Wochen auf ihrem Nest, aber aus ihren sechs Eiern war bisher noch kein Küken geschlüpft. Waltraut ruckelte, plusterte die Federn auf, wendete ihre Eier und polierte jedes einzelne. Sie liebte ihre Eier, aber langsam fragte sie sich, ob wohl jemals ein Küken schlüpfen würde.

Da sah sie plötzlich in einem Ei einen Riss! Und aus dem Ei kam ein kleines Küken. Waltraut war entzückt. Bald zeigten auch die anderen Eier Risse und Waltraud war umgeben von fünf flauschigen kleinen Entchen. Nun fehlte nur noch das größte Ei. Waltraut rollte es unter ihren Bauch und wärmte es mit ihren weichsten Federn. Sie wartete und wartete, aber nichts passierte.

„Ach, vergiss doch das eine Ei!", schlug die Kuh vor. „Du hast fünf wunderbare Küken. Das Ei da taugt offensichtlich nichts."

„Nein!", quakte Waltraut und schlang ihre Flügel um das Ei.

„Ich glaube, das Ei ist gar nicht von dir", gluckte die alte Henne, die sich mit Eiern auskannte. „Für ein Entenei ist es viel zu groß."

„Genau", wieherte das Pferd. „Ich habe mal gehört, dass es Vögel gibt, die anderen Vögeln ihre Eier ins Nest legen. Ist das nicht furchtbar?"

Aber Waltraut saß weiter auf ihrem Ei und wartete. Dann, an einem sonnigen Nachmittag, gab es ein lautes KNACKEN! Waltraut quakte aufgeregt. Alle Tiere des Bauernhofs eilten herbei, um zu sehen, was da schlüpfen würde.

„Ich wette, es ist eine kleine Gans", flüsterte das Huhn.

„Ich glaube, es ist ein kleiner Schwan", wieherte das Pferd.

Alle hielten den Atem an und – plupp – schlüpften zwei kleine Küken aus dem Ei. Es waren Zwillinge! Waltraut quakte stolz. Sie hatte immer gewusst, dass das Ei etwas Besonderes war. Nun hatte sie sieben wundervolle Küken.

„Kommt, meine Kleinen!", rief sie fröhlich, als sie ihre Küken stolz zum Fluss hinunter- führte.

Die Glücksente

In einer kleinen Hütte lebte vor langer Zeit eine arme Familie. Eines Abends, als der alte Mann und seine Frau gerade mit dem Sohn das letzte Stückchen Brot teilten, erschien plötzlich ein Elf.

„Im Dorfteich findet ihr eine Ente", sagte der Elf. „Fangt sie ein und nehmt sie mit. Dann geduldet euch, bis sie ein Ei legt."

Am nächsten Tag tat der alte Mann, was der Elf gesagt hatte. Er brachte die Ente nach Hause und wartete gemeinsam mit seiner Frau und dem Sohn begierig darauf, dass die Ente ein Ei legte.

Endlich ließ sie mit leisem Quaken ein goldenes Ei fallen.

Die arme Familie traute ihren Augen kaum.

„Ich werde das Ei verkaufen und uns dafür etwas zu essen besorgen!", rief der Mann und zog gleich los.

Tag für Tag legte die Ente nun goldene Eier, und bald hatten der alte Mann und seine Familie viel Geld und wurden sehr reich.

Es dauerte nicht lange, bis sich die Geschichte von den goldenen Eiern herumsprach. Eines Tages stand ein neidischer Nachbar vor der Tür und versuchte der Frau die Ente abzuschwatzen.

Als der Nachbar die Ente hochnahm, sah er einige Worte, die in goldenen Buchstaben unter ihrem Flügel standen. Er las: „Wer diese Ente isst, wird bald zum König werden!"

„Verehrte Dame", sagte der listige Nachbar, „ich bin so hungrig. Könnten wir uns nicht diese Ente teilen?"

Die alte Frau erklärte, dass sie unmöglich die Ente braten konnte, die ihnen so viel Glück gebracht hatte. Doch schließlich hatte sie Mitleid mit dem Mann und gab nach.

„Lass uns einige Kräuter sammeln, während die Ente im Ofen schmort", schlug der Mann vor. „Das wird ein Festessen!"

Die Frau und der Nachbar waren gerade losgezogen, als der Sohn heimkehrte und den Entenbraten roch. Weil er sehr hungrig war, holte er den Braten aus dem Ofen und aß ihn ganz alleine auf.

Als nun aber der Vater nach Hause kam und entdeckte, was geschehen war, jagte er seinen Sohn wütend fort.

Der Sohn wanderte viele Tage lang durch das Land. Schließlich kam er zu einer Stadt, deren König vor Kurzem gestorben war. Da er keine Nachkommen hinterlassen hatte, sollte der nächste Wanderer, der über die Stadtgrenzen kam, das Land regieren.

Als der Sohn durch die Straßen schritt, jubelte die Menge ihm begeistert zu.

Er wurde ein freundlicher und kluger Herrscher, und weil er ein versöhnliches Wesen hatte, lud er seine Eltern ein, mit ihm im Palast zu wohnen. Dort lebten sie alle glücklich und zufrieden bis ans Ende ihrer Tage.

Gerade noch davongekommen!

Als ein Schakal eines Tages durch eine schmale Felsschlucht trabte, kam ihm ein Löwe entgegen.

Der Schakal bekam es mit der Angst zu tun, denn er hatte dem Löwen in letzter Zeit viele Streiche gespielt. Bestimmt würde dieser die Gelegenheit nutzen, sich zu rächen. Blitzschnell ließ der Schakal sich einen gerissenen Plan einfallen.

„Oh, großer Löwe! Hilfe!", rief er und blickte zu den Felsen hinauf. „Siehst du diesen Felsbrocken dort? Er wird gleich herunterfallen und uns beide unter sich begraben. Bitte rette uns!"

Erschrocken blickte der Löwe nach oben. Ohne lange nachzudenken, nutzte er seine gewaltige Kraft, um den vorspringenden Felsen zu stützen.

„Oh danke, großer König!", rief der Schakal. „Ich hole gleich einen Baumstamm, mit dem wir den Felsen abstützen können."

Nach diesen Worten lief er davon und ließ den Löwen mit dem Felsen zurück, der überhaupt nicht zu fallen drohte.

Blitz und Donner

Vor langer Zeit lebten Blitz und Donner bei den Menschen und Tieren auf der Erde.

Donner war ein altes Mutterschaf, und der Widder Blitz war ihr einziger Sohn. Wenn er sich ärgerte, bekam er heftige Wutanfälle, stieß Bäume um und stiftete überall Unruhe. Seine Mutter rief ihn dann mit ihrer lauten, dumpf grollenden Stimme zur Ordnung, aber Blitz hörte nicht auf sie. Wie ein Wilder tobte er herum.

Schließlich hielten die Menschen im Land es nicht mehr aus und beschwerten sich beim König.

Dieser verbannte Blitz und Donner von der Erde und setzte sie in den Himmel, wo sie weiterlebten.

Wenn sich der Zorn von Blitz dort oben entlädt, kannst du bei Gewitter helle Lichter am Himmel sehen.

Und jetzt weißt du auch, weshalb danach die laute, dröhnende Stimme von Donner ertönt: Das ist der Ruf der Mutter, die ihren aufbrausenden Sohn zur Ruhe mahnt.

Vom Pinguin, der glitzern wollte

Eines Nachts, als der Mond hell strahlte, bekam Mama Pinguins Ei einen RISS! Er wurde größer, dann erschien ein Kopf, dann zwei Flügel und dann zwei orange Füße. Und schließlich hüpfte ein kleiner Pinguin heraus. Sie nannten ihn Pips.

„Wie schön das glitzert!", piepste er, als er die funkelnden Sterne am Himmel entdeckte.

Dann sah Pips einen schillernden Fisch im Meer springen. „Ich möchte auch glitzern!", piepste Pips.

Bald fing es an zu schneien. Pips sah zu, wie die schimmernden Flocken zu Boden fielen. „Damit kann ich meine Federn bestäuben", dachte er. „Dann glitzere ich auch." Pips versuchte, die Schnee-flocken einzufangen, aber sie schmolzen auf seinen Federn.

Doch dann fand er eine Schneewehe aus puderigem Schnee, die im Mondlicht glänzte. „Jetzt werde ich glitzern!", rief er und wälzte sich in den Flocken. Aber da verschwand der Mond hinter einer Wolke, und Pips' Federn glitzerten wieder nicht.

„Vielleicht kann ich ja einen der funkelnden Sterne fangen", dachte Pips. Er sprang, so hoch er konnte, aber er konnte sie nicht erreichen.

„Was machst du da, Pips?", fragten die anderen Pinguine.

„Ich versuche, das Glitzern der Sterne einzufangen", erklärte Pips. Genau in dem Moment schwamm ein freundlicher Wal vorbei.

„All das Hüpfen und Springen sieht sehr anstrengend aus!", lachte er. „Warum rutschst du nicht einfach meinen Rücken herunter?"

Alle fanden, das sei eine großartige Idee – auch Pips. Einer nach dem anderen rutschten die Pinguine den langen Rücken des Wals hinunter ins glitzernde Wasser des Meeres. PLATSCH! Pips hüpfte aus dem Wasser und schüttelte seine Federn im Sonnenlicht.

„Sieh doch!", riefen die anderen Pinguine. „Du glitzerst am ganzen Körper!"

„So geht das also mit dem Glitzern!", freute sich Pips und tanzte durch den Schnee. „Man muss nur in der Sonne herumtoben."

Mars, das Pony

Es war einmal ein Pony namens Mars. Mit vielen anderen Ponys lebte es in einer Reitschule. Mars war noch zu jung, um geritten zu werden, und so durfte er den ganzen Tag auf der Wiese bleiben, während die anderen Ponys kleinen Kindern das Reiten beibrachten. Mars war sehr glücklich. Er fraß gern Gras und sprang über die Hürden, die für die größeren Pferde dastanden. Aber am schönsten fand er es, wenn die Kinder ihn striegelten und streichelten.

Mars war sehr zufrieden mit seinem Leben, bis ihm eines Tages einer der Pferdepfleger ein Halfter anlegte.

„Es wird Zeit, dass wir mit dir trainieren", flüsterte er und streichelte ihm sanft die Nase. „Bald können die Kinder auch auf dir reiten."

„Oh, klasse!", dachte Mars. „Geritten werden sieht leicht aus. Ich glaube, das kann ich gut."

Aber es kam ganz anders. Geritten werden war überhaupt nicht einfach. Und er konnte es auch nicht gut. Eigentlich machte es ihm ziemliche Angst, wenn jemand auf seinem Rücken saß. Es brachte ihn aus dem Gleichgewicht. Und die Welt jenseits seiner Wiese erschreckte ihn.

Mars wünschte sich, er müsse nicht geritten werden. Er wollte wieder auf seine Wiese und in Ruhe gelassen werden. Eines Nachts schmiedete er daher einen Plan. Er wollte nie wieder jemanden auf sich reiten lassen.

Am nächsten Morgen, als der Pfleger ihn einfangen wollte, legte er die Ohren an, schlug aus und lief weg. Danach schlug und biss er nach jedem, der ihm zu nahe kam.

Zuerst gab er sich mit sich selbst zufrieden, aber schon bald fühlte er sich einsam. Er wusste nicht, was er tun sollte. Mars wollte zwar nicht, dass man auf ihm ritt, aber er vermisste es, gestriegelt und gestreichelt zu werden.

Eines Nachts, als Mars auf der Wiese döste, geschah ein Wunder. Ihm erschien ein wunderschönes weißes Pferd.

„Hab keine Angst", flüsterte das Pferd. „Ich bin dein Schutzengel. Ich bin gekommen, um dir zu helfen. Folge mir!" Das weiße Pferd wirbelte herum und galoppierte in den Himmel. Mars lief hinterher. Sie galoppierten über den Nachthimmel, bis sie zu einer Wiese kamen.

„Sieh einmal nach unten", sagte das weiße Pferd freundlich. Mars sah hinab und bemerkte ein kleines Pony, das vergnügt mit einem Mädchen auf dem Rücken über ein Hindernis sprang.

Erstaunt blinzelte und wieherte Mars. Das Pony, das er sah, war er selbst. Aber wer war das Mädchen auf seinem Rücken?

„Das ist Katja", sagte das weiße Pferd, als könne es seine Gedanken lesen. „Sieh nur, wie sanft und freundlich sie ist. Sie würde dir nie wehtun."

Mit weit aufgerissenen Augen sah Mars zu, bis alles vor seinen Augen verschwamm. Und als er blinzelte, fand er sich plötzlich auf seiner Wiese am Reitstall wieder. Das weiße Pferd war verschwunden, und er war wieder allein.

„Wie schade", seufzte Mars. „Ich hab wohl geräumt." Aber er konnte nicht aufhören, an das liebe kleine Mädchen zu denken.

Am nächsten Morgen – Mars versteckte sich in der hintersten Ecke der Wiese – kam ein kleines Mädchen ans Gatter.

„Hallo, Mars", rief sie und winkte mit einer Karotte. Mars kam aus seinem Versteck. Er traute seinen Augen kaum. Es war Katja, das Mädchen aus seinem Traum!

Katja kletterte über das Gatter und ging langsam und vorsichtig auf Mars zu, um ihn nicht zu erschrecken.

„Na, komm, braver Junge", flüsterte sie. „Ich werde dir nicht wehtun."

Dann blieb sie stehen und wartete. Zuerst bewegte sich Mars keinen Zentimeter. Doch dann überkam ihn doch die Neugierde, und er bewegte sich langsam auf sie zu. Sie blieb weiter still stehen. Da fühlte sich Mars plötzlich mutig. Langsam ging er bis zu Katjas Schulter und senkte den Kopf. Katja streckte ihre Hand langsam vor und streichelte ihn. Dann gab sie ihm die Karotte. Als er sie kaute, streifte Katja ihm sanft ein Halfter über.

„Dir passiert nichts", sagte sie sanft.

Von diesem Tag an durfte Katja Mars einfangen. Bald schon ließ er sie auch auf seinem Rücken sitzen. Und als der Sommer zu Ende ging, waren sie die besten Freunde und sprangen zusammen über Hindernisse. Und nun ratet einmal, wer beim nächsten Spingreitturnier des Reitstalls gewonnen hat? Genau, Mars und Katja. Denn mithilfe des weißen Pferdes hatte Mars gelernt zu vertrauen.

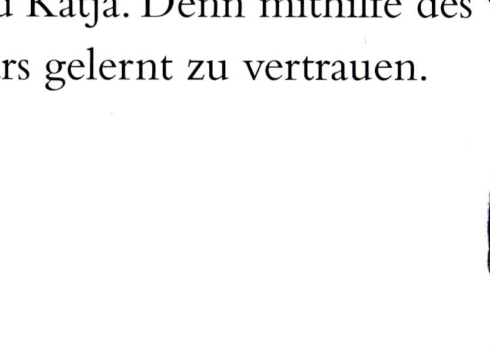

Super-Max!

ax war ein kleiner Junge mit einem GROSSEN Geheimnis. Immer wenn er Eiscreme aß, geschah etwas Seltsames. Ein roter Umhang legte sich um seine Schultern, seine Schuhe wurden zu blauen Stiefeln, und eine gelbe Maske zierte sein Gesicht. „Jetzt bin ich nicht mehr Max!", jubelte er. „Ich bin SUPER-MAX!"

Super-Max konnte in drei Minuten bis zum Mond und wieder zurück fliegen. Er konnte ganze Wolkenkratzer hochheben, und er besaß einen Röntgenblick. Abends verwandelte er sich immer wieder in Max – bis er das nächste Mal Eiscreme aß.

Eines Tages spielte Max wieder einmal auf dem Mond. Da brauste ein Raumschiff vorbei, das außer Kontrolle geraten war! Die Astronauten waren hilflos. Doch Super-Max schoss hinter dem Raumschiff her und brachte es sicher zur Erde zurück.

„Du bist ein Held!", riefen die Astronauten. „Wie können wir dir nur danken?"

„Ganz einfach", grinste Max. „Kauft mir einfach ein Eis!"

Die Zauberschuhe

Leons Vater erfand alle möglichen seltsamen Dinge, aber seine neueste Erfindung war die merkwürdigste.

„Das sind ganz besondere Schuhe", sagte er, als Leon sie anzog. „Bitte teste sie einen Tag lang und sag mir dann, was du davon hältst."

In der Schule lachten Leons Freunde. „Du siehst komisch aus", fanden sie. „Die Schuhe sind überhaupt nicht cool!"

Aber sie änderten ihre Meinung, als sie sahen, was die Schuhe alles konnten. Im Sportunterricht ließen Sprungfedern in den Sohlen Leon höher springen als alle anderen. Auf dem Schulhof trug Leon auf einmal Rollschuhe an den Füßen. Und in der Pause sprudelten plötzlich Süßigkeiten aus den Schuhspitzen!
Bei Schulschluss wollten alle Freunde ihre eigenen Zauberschuhe haben.
„Tut mir leid", meinte Leons Vater. „Alle meine Erfindungen sind einmalig. Aber ich habe gerade eine Jacke mit Flügeln fertig. Möchtest du sie morgen anziehen?"

„Auf jeden Fall!", lachte Leon.

Prinz Wohlgemut

Es war einmal ein kluger und freundlicher Prinz, der im ganzen Königreich nur Prinz Wohlgemut genannt wurde.

Eines Tages beschloss der Prinz, auf Reisen zu gehen, um die Welt näher kennenzulernen und ein noch weiserer und besserer Mensch zu werden. Der König gab ihm sein edelstes Pferd und seinen treuesten Diener mit auf den Weg.

Als sie zwischen den Feldern dahinzogen, sah der Prinz einen riesigen Adler, der einen wunderschönen Schwan verfolgte. Mit Pfeil und Bogen verjagte der Prinz den Adler.

„Vielen Dank, du guter Prinz!", rief der Schwan glücklich. „Ich bin die verzauberte Tochter von Ritter Unsichtbar. Du hast mich gerade vor einem bösen Zauberer in Adlergestalt gerettet. Wenn du einmal in Not gerätst, rufe einfach dreimal ‚Ritter Unsichtbar!'. Dann wird mein Vater dir zur Hilfe eilen." Nach diesen Worten verschwand der Schwan.

Der Prinz und sein Diener ritten weiter. Sie überquerten Berge und Flüsse und kamen schließlich in eine große Wüste.

„Sieh nur, dort ist ein Brunnen!",
sagte Prinz Wohlgemut zu seinem
Diener. „Ich werde dich an einem
Seil hinunterlassen, damit du Wasser
heraufholen kannst."

Doch der Diener entgegnete:
„Ich bin viel zu schwer für Euch,
verehrter Prinz. Klettert Ihr besser in
den Brunnen hinab, während ich hier
oben das Seil halte."

Der Prinz war einverstanden und
stieg in den Brunnen hinunter. Als er
genug Wasser geschöpft hatte, bat er
den Diener, ihn wieder nach oben
zu ziehen.

„Ich denke gar nicht daran!", rief
dieser aus. „Du hast immer nur in
Reichtum gelebt, während ich
stets anderen gehorchen musste.
Ich helfe dir nur dann nach oben,
wenn wir von nun an die Rollen
tauschen. In Zukunft werde ich
der Prinz sein, und du bist
mein Diener."

Der Prinz hatte
keine andere Wahl,
als einzuwilligen.

Als der Diener ihn nach oben gezogen hatte, tauschten sie die Kleidung und die Pferde. So setzten sie ihre Reise fort.

Einige Tage später kamen sie zu einem prächtigen Königsschloss. Der falsche Prinz stellte sich dem König vor und hielt um die Hand der Prinzessin an.

Der König sprach: „Morgen wird hier eine feindliche Armee einfallen. Wenn du sie besiegen kannst, darfst du meine Tochter zur Frau nehmen."

Der angebliche Prinz war einverstanden. Er nahm Prinz Wohlgemut zur Seite und zischte: „Ziehe du morgen in den Kampf und vertreibe die Armee. Wenn es dir gelingt, werde ich dich freilassen, und du kannst zum Schloss deines Vaters zurückkehren."

So ritt am nächsten Morgen Prinz Wohlgemut der feindlichen Armee entgegen. Leise rief er dreimal: „Ritter Unsichtbar!"

Da erschien ein Ritter in prunkvoller Rüstung.

Der Ritter erhob sein Schwert gegen die fremde Armee. Mit seiner Hilfe gewann Prinz Wohlgemut den Kampf und kehrte bald zum Königsschloss zurück.

Die Prinzessin aber hatte zufällig mit angehört, was der falsche Prinz am Vorabend gesagt hatte. Und sie hatte beobachtet, wer tatsächlich in den Kampf gezogen war.

Als nun der verkleidete Diener vor ihren Vater trat, ließ sie Prinz Wohlgemut holen. „Dieser Mann ist der wahre Prinz!", erklärte sie. „Er hat den Kampf gewonnen, und nur ihn werde ich heiraten!"

Als der König die Wahrheit erfuhr, ärgerte er sich sehr über den Diener und wollte ihn sogleich bestrafen.

Doch der gütige Prinz Wohlgemut bat den König, den Diener zu verschonen. So durfte dieser unbehelligt weiterziehen. Prinz Wohlgemut und die Prinzessin aber feierten bald Hochzeit und lebten glücklich bis an ihr Lebensende.

Der kleine Drache

Der kleine Drache las ein Buch, in dem ein böser Mann mit Ritterrüstung vorkam. Der Held in dem Buch kämpfte mit seinem Schwert gegen kleine Drachen. Da bekam der kleine Drache Angst. Und genau in diesem Augenblick hörte er fremde Stimmen.

„Oh nein", dachte der kleine Drache. „Das sind bestimmt Drachenjäger!" Schnell versteckte er sich unter seiner Decke.

Draußen wanderten Prinzessin Pippa, Prinz Pip und der kleine Baron Boris über die Hügel. Boris machte jede Menge Krach und ließ immer wieder sein Spielzeugschwert durch die Luft sausen.

„Lasst uns auf Drachenjagd gehen!", schlug Boris vor.

Aber Pippa und Pip hatten keine Lust.

„Angsthasen, Angsthasen!", zog Boris sie auf.

„Von wegen!", rief Pip ärgerlich. „Wir sind keine Angsthasen."

„Seht nur!", rief Boris plötzlich. „Echte Drachenspuren!"

Sie folgten den Spuren bis zum Eingang der Drachenhöhle.

„Äh ... geht ihr ruhig vor", sagte Boris. „Ich bleibe hier und passe auf, dass der Drache nicht wegläuft."

Pip und Pippa betraten die Höhle. Dort war es dunkel und unheimlich. Sie sahen einen großen Schatten in der Form eines ... Drachen! Erschrocken schnappten sie nach Luft.

„Wer ist da?", fragte Pip mutig.

„Ich bin es", erwiderte der Drache.

„Bist du ein Drache?", fragte Pippa.

Der kleine Drache nickte.

„Du bist sehr klein", meinte Pippa.

„Aber innen bin ich ganz groß", erklärte der kleine Drache. Dann begann er zu weinen. „Kämpft ihr jetzt gegen mich, so wie der Mann in meinem Buch?", schluchzte er.

„Aber nein!", versicherte Pippa und drückte ihn an sich.

„Lasst uns Freunde sein", schlug Prinz Pip vor.

Damit war der kleine Drache einverstanden. Er reichte einen Kuchenteller herum, und Pip und Pippa ließen es sich schmecken.

„Möchte euer lärmender Freund mit dem spitzen Schwert auch etwas essen?", fragte der kleine Drache.

„Ach, du meinst Boris", sagte Pippa. „Bestimmt möchte er!"

„Hier ist etwas Kuchen, Boris", sagte der kleine Drache.

„Ein Drache!", schrie der kleine Baron Boris und rannte davon.

„Wer ist nun der Angsthase?", lachte Pip.

Bald mussten Pippa und Pip nach Hause gehen.

„Sind wir morgen wieder Freunde?", fragte der kleine Drache.

„Wir bleiben für immer Freunde", versicherten die Kinder.

Die Bremer Stadtmusikanten

Es war einmal ein Bauer, der besaß einen Esel. Viele Jahre lang hatte der Esel hart für seinen Herrn gearbeitet, doch nun war er alt und wurde immer schwächer.

„Du arbeitest zu langsam", sprach der Bauer. „Scher dich davon, ich kann dich nicht mehr gebrauchen."

Der Esel war traurig, beschloss aber, seine neue Freiheit für sich zu nutzen. Weil er schon immer gerne musizieren wollte, machte er sich auf den Weg nach Bremen, um dort Stadtmusikant zu werden.

Er war noch nicht lange unterwegs, als er einen schwer atmenden Hund am Straßenrand liegen sah.

„Was ist los mit dir, mein Freund?", fragte der Esel.

„Mein Herr hat mich fortgeschickt, weil ich alt und schwach geworden bin und nicht mehr für die Jagd tauge", schnaufte der Hund. „Aber wie soll ich nun meinen Lebensunterhalt verdienen?"

„Komm doch mit mir!", schlug der Esel vor. „Ich gehe nach Bremen und werde Stadtmusikant."

Der Hund schloss sich gerne an, und so wanderten sie gemeinsam in Richtung Stadt.

Kurz darauf begegneten sie einer Katze, die sorgenvoll miaute.

„Was fehlt dir?", erkundigte sich der Esel. „Du klingst so traurig."

Die Katze erklärte: „Mein Frauchen hat mich fortgejagt, weil ich zu alt geworden bin, um Mäuse zu jagen."

„Geh doch mit uns nach Bremen!", rief der Esel. „Du verstehst dich aufs Singen und wirst eine gute Stadtmusikantin werden."

Die Katze war begeistert und zog mit den beiden weiter.

Es wurde schon dunkel, als sie auf einen Hahn stießen, der nach Leibeskräften krähte.

„Was ist los?", wollte der Esel wissen.

„Mein Herr wollte mich zum Metzger bringen", berichtete der Hahn. „Da bin ich schnell davongelaufen."

„Komm mit uns!", rief der Esel. „Wir ziehen nach Bremen und werden Stadtmusikanten."

Zu viert folgten sie der Straße nach Bremen. Es war schon spät in der Nacht, als sie zu einem Häuschen am Waldrand kamen. Weil sie müde und hungrig waren, wollten sie nachsehen, ob sie hier vielleicht den Rest der Nacht verbringen konnten.

Sie spähten durchs Fenster. Drinnen saßen vier Räuber an einem Tisch, der über und über mit Essen und Geld bedeckt war.

Den Tieren war klar, dass die Männer freiwillig nicht mit ihnen teilen würden. Also ersannen sie einen klugen Plan, um sie zu vertreiben.

Der Esel stellte seine Vorderhufe auf das Fensterbrett. Nun sprang der Hund auf seinen Rücken. Die Katze kletterte auf den Hund, und zuletzt ließ sich der Hahn auf dem Kopf der Katze nieder. So laut sie konnten, ließen sie ihre Stimmen ertönen, bevor sie in die gute Stube sprangen.

Die Räuber glaubten, ein schreckliches Monster vor sich zu haben. Sie ließen alles stehen und liefen eilig davon.

Die vier Freunde aber setzten sich an den Tisch und ließen es sich schmecken. Anschließend suchte sich jeder von ihnen einen gemütlichen Schlafplatz.

Der Esel legte sich draußen auf dem Hof ins Stroh.

Der Hund schlief auf der Fußmatte hinter der Tür.

Die Katze rollte sich vor dem Kamin zusammen.

Und der Hahn setzte sich oben auf den Schornstein.

Die vier Freunde waren sehr froh über das neue Zuhause, das sie gefunden hatten. So beschlossen die Tiere, für immer in dem Häuschen zu bleiben.

Dort leben sie wohl heute noch, und wer je in ihrer Nähe vorbeikommt, kann sie beim Musizieren hören.

Flamingos Ballettstunde

Flamingo war eine sehr elegante Vogeldame. Nie stolperte sie oder stieß irgendwo an. Die anderen Tiere im Dschungel waren nicht so grazil.

„Pass auf!", rief Flamingo, als Elefant gegen einen Baum torkelte.

„Sei vorsichtig!", schrie sie, als Flusspferd Schmutz auf ihre Federn spritzte.

„Pass auf, wo du hintrittst!", quietschte sie, als Krokodil ihr auf die Zehen trat. „Ihr seid alle so plump!"

Elefant, Flusspferd und Krokodil war das peinlich. Sie wollten nicht, dass die anderen Tiere sie plump finden.

„Eine Ballettstunde wird helfen", sagte Flamingo. Zuerst führte sie ihrer Klasse eine Pirouette vor.

„Jetzt seid ihr dran", sagte sie. Elefant gab sich größte Mühe, aber sie war so schwer, dass sie nur ein tiefes Loch in den Boden bohrte, in dem ihr Bein stecken blieb.

„Vielleicht ist eine Pirouette zu schwer", sagte Flamingo. „Versucht stattdessen mal das!"

Sie stellte sich graziös auf ein Bein und versteckte das andere unter ihrem Körper. Flusspferd versuchte, das nachzumachen, aber dabei traf er aus Versehen einen Baum und schlug ihn um. Flamingo stöhnte.

„Vielleicht seid ihr anmutiger, wenn ihr hübscher ausseht", sagte sie und gab ihnen Ballettröckchen. „Probiert die mal an."

Aber der Bauch des armen Krokodils war so nah über dem Boden, dass sein Ballettröckchen durch den Schlamm schleifte.

„Ich glaube nicht, dass wir jemals so elegant sein werden wie du, Flamingo", sagte Elefant traurig.

Flamingo seufzte und schaute ihre Freunde an. Elefant konnte mit ihrem Rüssel vorsichtig Blätter und Beeren pflücken. Flusspferd tauchte unter Wasser, ohne anzustoßen, und wenn Krokodil durch den Sumpf glitt, kräuselte sich das Wasser kein bisschen.

Plötzlich kam Flamingo sich sehr dumm vor. Warum versuchte sie, ihre Freunde zu verändern? Wenn sie sich natürlich verhielten, sahen sie alle anmutig aus.

„Es tut mir leid, dass ich euch plump genannt habe", sagte sie. „Ihr seid perfekt, so wie ihr seid!"

Die drei Federn

Vor langer Zeit lebte einmal ein alter König, der drei Söhne hatte. Die beiden älteren Jungen waren selbstsicher und prahlten gerne, während der jüngste ganz still und schüchtern war.

Der König liebte alle drei gleichermaßen und wusste nicht, wen er zu seinem Nachfolger machen sollte. Daher beschloss er, ihnen eine Aufgabe zu stellen.

„Derjenige von euch, der mir den feinsten Teppich bringt, wird später den Thron besteigen", sprach der König und warf drei Federn in die Luft. „Wohin sie fliegen, soll jeweils einer von euch gehen."

Die erste Feder wehte nach Osten, die zweite nach Westen. Die dritte aber landete ganz nahe beim Schloss auf dem Boden.

„Wir gehen nach Osten und Westen", verkündeten die älteren Söhne, die sich nicht vorstellen konnten, dass gleich neben dem Schloss ein feiner Teppich aufzufinden wäre.

Nachdenklich betrachtete der jüngste Sohn die Stelle, zu der die dritte Feder geflogen war. Da entdeckte er plötzlich eine Falltür im Boden. Er öffnete sie und stieg die Stufen in die Tiefe hinab.

Neben einer großen Truhe saß ein Frosch.

Der Junge nahm seinen Mut zusammen und fragte: „Können Sie mir helfen, den feinsten Teppich im Königreich zu finden?"

Da öffnete der Frosch die Truhe und reichte dem Jungen den edelsten Teppich, den dieser je gesehen hatte.

Als der König den Teppich zu sehen bekam, war er begeistert.

„Mein jüngster Sohn, du wirst mein Nachfolger!", rief er.

Doch die beiden älteren Brüder waren neidisch und drängten den Vater, den Söhnen noch eine Aufgabe zu stellen.

Der alte König gab nach und sagte: „Derjenige von euch, der mir den schönsten Ring besorgen kann, soll mein Königreich regieren."

Wieder warf der König drei Federn in die Luft. Sie wehten in dieselben Richtungen wie beim ersten Mal. Auch diesmal zogen die beiden älteren Jungen nach Westen und Osten.

Der jüngste Sohn öffnete die Falltür und stieg hinunter. „Bitte, Herr Frosch – ich suche den schönsten Ring im Königreich."

Der Frosch lächelte, öffnete die Truhe und nahm einen funkelnden Ring heraus, der mit kostbaren Juwelen besetzt war.

Als der König den Ring sah, traute er seinen Augen kaum. „Das Reich soll an dich gehen, mein jüngster Sohn!" Da konnten die älteren Söhne ihn noch so sehr bedrängen – diesmal blieb er bei seinem Entschluss.

Der jüngste aber wurde ein herzlicher König voller Güte – besonders gegenüber Fröschen.

Die Ameise und die Heuschrecke

An einem sonnigen Tag sprang eine Heuschrecke munter über ein Feld und sang fröhlich vor sich hin. Da kam eine Ameise vorbei, die Futter in ihr Nest trug.

„Komm, spiel mit mir!", rief die Heuschrecke. „Es ist viel zu warm zum Arbeiten. Du kannst doch ein anderes Mal Nahrung sammeln."

„Ich muss jetzt die Vorräte für den Winter zusammentragen", erwiderte die Ameise. „Du solltest besser auch damit anfangen."

„Sei nicht albern!", lachte die Heuschrecke. „Es gibt doch Nahrung in Hülle und Fülle!"

Es dauerte nicht lange, bis der Winter kam. Die Heuschrecke hatte großen Hunger, doch sie fand nichts mehr zu essen. Zitternd und nass hüpfte sie herum.

Da traf sie wieder die Ameise, die gerade von ihren Vorräten aß.

„Wo hast du nur all das Essen her?", fragte die Heuschrecke.

Die Ameise erklärte: „Ich habe es gesammelt, als die Sonne schien."

Die Heuschrecke seufzte und meinte: „Du hattest recht. Im nächsten Jahr werde ich auch rechtzeitig für schlechte Zeiten vorbeugen."

Zwei Männer und ein Bär

Zwei Männer liefen durch den Wald, als ihnen plötzlich ein Bär begegnete. Beide hatten Angst. Doch statt den Bären gemeinsam zu bezwingen, kletterte einer von ihnen rasch auf einen Baum. Der andere war nicht schnell genug. Er konnte sich gerade noch auf den Boden legen und sich tot stellen.

Der Bär beugte sich über den liegenden Mann und schnüffelte an seinen Ohren herum. Trotz seiner Angst hielt der Mann still, und der Bär zog weiter.

Nun wagte sich der andere Mann aus seinem Versteck. „Was hat der Bär dir zugeflüstert?", fragte er.

Sein Weggefährte erwiderte: „Er meinte, ich sollte einmal darüber nachdenken, ob du überhaupt mein Freund bist. Du hast nur an dich selbst gedacht und keinen Gedanken an mich verschwendet."

So erweist sich oft erst in schlechten Zeiten, wer ein wahrer Freund ist.

Doktor Fips Schwein

Fips war ein glückliches Schweinchen. Das Leben hätte nicht schöner sein können.

„Das mag für dich ja stimmen!", sagte Agathe Huhn, die ihren Schnabel immer in anderer Leute Angelegenheiten steckte. „Aber hier auf dem Bauernhof gibt es viel zu tun, du Faulpelz."

„Ich bin kein Faulpelz", antwortete das Schweinchen. „Ich bin Fips."

„Sei nicht vorlaut", gluckte Agathe und flatterte mit den Flügeln, bis Fips davonlief. Er setzte sich unter einen Baum und dachte nach. Schlammbäder machten zwar Spaß, aber er wollte auch auf dem Bauernhof helfen. Was also konnte er tun? Mama Schwein war verwundert.

„Wo willst du denn mit all den Sachen hin, Fips?", fragte sie.

„Ich bin nicht Fips, ich bin Doktor Schwein!", antwortete Fips. „Und mein erster Patient wartet schon. Wo liegt denn das Problem, Frau Muh?"

112

Frau Muh muhte. „Sagen Sie nicht Muh, sagen sie Ah!", erklärte Fips.

„Aber mein Bein ist doch in Ordnung, Fips", sagte Frau Muh, als Fips ihr einen Verband anlegen wollte.

„Halten Sie doch bitte still!", sagte Fips.

Bei Samson Schaf gab es Schwierigkeiten, das Herz abzuhören. Er wollte einfach nicht aufhören zu kauen.

Die Gänse, Gunda und Gustl, verweigerten ihre Medizin. Und Hütehund Henk rannte einfach davon …

Arzt zu sein war wirklich harte Arbeit. Aber die schwierigsten Patienten waren die Hühner. Sie waren sehr zahlreich, und alle wollten als Erstes an der Reihe sein. Am Ende des langen Tages freute sich Mama Schwein, ihren Fips wiederzusehen.

„Ich bin zwar ein guter Arzt", sagte Fips. „Aber am liebsten bin ich noch ich selbst." Das Leben hätte nicht schöner sein können.

Des Kaisers neue Kleider

Vor vielen Jahren lebte ein reicher, eitler Kaiser, der größten Wert auf seine Kleidung legte. Statt seinen kaiserlichen Pflichten nachzukommen, verbrachte er seine Zeit damit, in seinen Privatgemächern ausgefallene Kleidungsstücke anzuprobieren und sich aus jedem Blickwinkel in seinen vielen Spiegeln zu betrachten.

Bald sprach sich seine Vorliebe für Mode herum. Von weit her kamen Händler in die Stadt. Aber selbst die edelsten Stoffe und die gewagtesten Schnitte stellten den Kaiser auf Dauer nicht zufrieden.

Eines Morgens, als der Kaiser gerade mit seinem Premierminister zusammensaß, erschienen zwei Fremde im Palast.

„Eure Majestät, wir sind Weber", sagte der größere von ihnen. „Unsere Kleider bestehen aus einem äußerst seltenen Stoff."

„Doch nur wenige Glückliche können das wahre Wunder unserer Schöpfungen sehen", ergänzte der zweite Mann.

„Was soll das bedeuten?", erkundigte sich der Kaiser.

Die Männer blickten einander an. „Unsere Kleider sind so etwas Besonderes, dass nur die klügsten Menschen sie überhaupt sehen können. Für alle anderen sind unsere Stoffe unsichtbar."

Der Premierminister wollte sogleich Einspruch erheben, doch der Kaiser brachte ihn mit einer Handbewegung zum Schweigen.

„Gebt diesen beiden Herren alles, was sie brauchen", sprach der Kaiser. „Ich möchte, dass sie mir prächtige neue Gewänder für den festlichen Umzug in der nächsten Woche weben."

Als der Premierminister den Webern zwölf Säcklein Gold überreichte, glaubte er zu sehen, wie die beiden sich zuzwinkerten.

Einige Tage später rief der Kaiser wieder den Premierminister zu sich. „Ich möchte wissen, wie die Weber mit meinen neuen Kleidern vorankommen", rief er ungeduldig.

Der Premierminister machte sich auf den Weg zu den Webern. Als er ihre Werkstatt betrat, sah er nichts als einen leeren Webstuhl.

„Was sagen Sie dazu?", fragte der kleinere Mann. „Sehen Sie sich nur diese edlen Stoffe an!"

Der Premierminister wurde blass. Er konnte nichts sehen, wollte aber nicht als dumm erscheinen. Also log er: „Die Gewänder sind wunderbar! Ich werde dem Kaiser gleich davon erzählen."

Am Tag des festlichen Umzugs betraten die beiden Weber das Gemach des Kaisers.

„Eure Hoheit", sprach der größere Mann mit einer Verbeugung. „Wir bringen Eure neuen Kleider!"

Der Kaiser quiekte vor Schreck. Er sah überhaupt nichts! Schnell blickte er zu seinem Premierminister, doch dieser schien die neuen Kleider zu bewundern.

„Besten Dank!", sagte der Kaiser zu den Webern. Er war zu stolz, um zuzugeben, dass er nichts sah. „Die Kleider sind perfekt!"

Auf den Straßen hatten sich viele Menschen versammelt. Als der Kaiser erschien, verstummte die Menge für einen Augenblick. Doch weil niemand als dumm gelten wollte, jubelten ihm alle zu.

Da trat ein kleiner Junge vor. „Der Kaiser hat ja gar nichts an", rief er, und die Menge brach in lautes Gelächter aus.

Der Kaiser schluckte. Die Weber, die sich soeben mit seinem Gold davongeschlichen hatten, hatten ihn zum Narren gehalten.

Voller Scham gelobte der Kaiser, nie wieder aus Eitelkeit die Unwahrheit zu sagen.

Besser noch mal nachdenken!

Der Frosch saß auf einem Seerosenblatt und las in einem Kochbuch. Er hatte Geburtstag und wollte seine Freunde mit einem Kuchen überraschen. Bald zog er los, um die Zutaten zu beschaffen.

Zuerst hüpfte er zum Müller und bat um ein Päckchen Mehl.

„Wie willst du das Mehl nach Hause tragen?", fragte der Müller.

Der Frosch sagte: „Ich werde damit durch den Fluss schwimmen."

Der Müller meinte: „Aber dann wird das Mehl nass, und du kannst es nicht mehr verwenden."

„Oh", murmelte der Frosch. „Ich werde wohl besser noch mal darüber nachdenken."

Nun besuchte er seine Freundin, die gefleckte Kuh, und bat sie um eine Kanne Milch.

„Wie willst du die Milch nach Hause bringen, ohne sie in den Fluss zu schütten?", erkundigte sich die Kuh.

„Oh, das weiß ich nicht", seufzte der Frosch. „Ich denke wohl besser noch mal darüber nach."

Als Nächstes bat er die bunte Henne um einige Eier.

„Nimm dir, so viel du willst", sagte sie. „Aber wie willst du die Eier nach Hause befördern?"

Der Frosch hatte eine Idee. „Ich klemme sie unter mein Kinn!"

„Aber die Eier werden zerbrechen, wenn du sie fallen lässt", gab die Henne zu bedenken.

„Oh", quakte der Frosch, und eine Träne kullerte aus seinem Augenwinkel. „Ich muss wohl noch mal darüber nachdenken."

Traurig und müde kehrte er zu seinem Seerosenblatt zurück. Bald döste der Frosch in der Sonne ein.

„Zum Geburtstag viel Glück ..."

Der Frosch schreckte hoch. Am Ufer standen all seine Freunde und sangen ein Lied für ihn. Der Müller hielt einen prächtigen Geburtstagskuchen in der Hand.

„Überraschung!", rief der Müller. „Die Kuh hat die Milch beigesteuert, die Henne hat einige Eier gelegt, und ich habe mein Mehl dazugetan und einen Kuchen gebacken."

„Vielen Dank!", strahlte der Frosch. „Eigentlich wollte ich selbst einen Kuchen backen."

„Tja!" Seine Freunde lachten. „Darüber musst du wohl noch mal nachdenken!"

Die fliegende Feuerwehr

Ben war das älteste Fahrzeug in der Feuerwache. Er liebte seinen Beruf, aber in letzter Zeit rückten die jüngeren Feuerwehrautos immer zuerst zu den Einsätzen aus.

„Ich habe schon seit Ewigkeiten kein Feuer mehr gelöscht", sagte Ben zu seinem Freund, dem Hubschrauber Harry. „Die Stadt ist immer voller Autos, und die neueren Fahrzeuge schlängeln sich viel schneller durch den Verkehr als ich."

Harry dachte nach. Da blitzten seine Lichter auf. „Ich habe eine Idee!", rief er. „In der Luft kommst du viel schneller voran als auf der Straße. Wenn du fliegen könntest, wärst du immer als Erster da."

„Aber wie soll ein Feuerwehrauto fliegen?", fragte Ben.

„Ich werde dich tragen", erwiderte Harry. „Ich bin stark und kann dich blitzschnell zu jedem Einsatzort bringen."

In diesem Augenblick ertönte die Feuersirene. Ben war etwas mulmig zumute. Er war noch nie geflogen! Aber er wollte das Feuer unbedingt löschen und ließ sich von Harry hochheben. Schon schwebten sie über die Straßen und Verkehrsstaus hinweg.

„Dort ist das Feuer!", rief Ben.

Eine große Fabrik stand in Flammen.

PLATSCH! SPRITZ!

Mit seinem Wasserschlauch löschte Ben das Feuer im Handumdrehen. Nun setzte Harry ihn auf dem Boden ab.

Da brausten die neueren Feuerwehrautos heran. „Zum Glück warst du so schnell!", japsten sie, als sie Ben sahen.

Die Feuerwehrleute ließen Ben und Harry hochleben.

„Von nun an soll Harry immer in Bens Nähe sein", beschlossen sie. „So kann er Ben zu jedem Brand fliegen. Ein dreifaches Hurra auf Ben und Harry!"

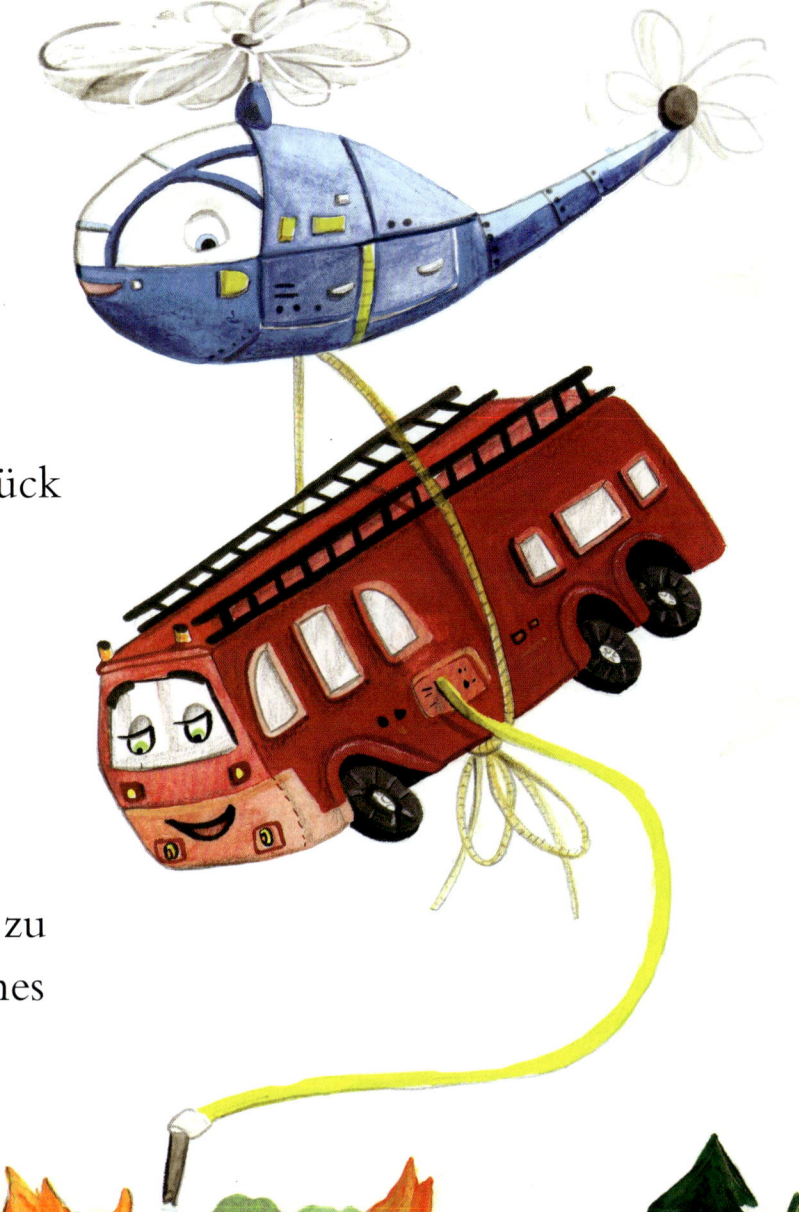

Die verwunschene Prinzessin

Es war einmal ein junger Mann namens Thomas, der von seinem alten Vater ein ganz besonderes Geschenk bekam.

„Mein Sohn, mit mir geht es zu Ende", sprach der Vater. „Nimm dieses Horn. Wenn du es an dein Ohr hältst, kannst du hören, was andere Menschen denken."

Wenige Tage darauf starb der alte Mann. Thomas war sehr traurig.

„Hier hält mich nichts mehr", meinte er. „Ich werde etwas herumreisen und mich nach Arbeit umsehen."

Er nahm das Horn, packte seine Habseligkeiten und zog los. Nach einigen Tagen kam Thomas zu einem großen Schloss, in dem ein Riese mit langen, goldenen Haaren lebte. Obwohl ihm der Riese nicht geheuer war, fragte Thomas ihn nach Arbeit.

„Du kannst bleiben und für mich kochen", knurrte der Riese.

Thomas tat, was er gesagt hatte. Tag für Tag bereitete Thomas nun die Mahlzeiten für den Riesen zu. Als er aber einmal in den Keller hinabstieg, um Mehl zu holen, hörte Thomas jemanden weinen. In einer dunklen Ecke fand er ein junges Mädchen.

„Wer bist du?", wollte Thomas wissen. „Und was machst du hier?"

Das Mädchen sagte: „Ich bin eine Prinzessin. Der Riese hat meinen Vater getötet, mich gefangen genommen und unser Schloss verflucht. Bitte hilf mir!"

Das Mädchen tat ihm leid, und so dachte Thomas darüber nach, wie er den Riesen überwältigen könnte. Da hatte er eine Idee.

„Ich werde dir helfen", versprach er dem Mädchen.

Thomas machte sich wieder an die Arbeit. Am Abend aber, als der Riese speiste, holte Thomas sein Horn heraus und hielt es an sein Ohr. Nun hörte er die Gedanken des Riesen!

„Ich fürchte, mein Koch hat die Prinzessin entdeckt", dachte der Riese. „Morgen werde ich ihn zum Frühstück verspeisen. Er darf nie herausfinden, dass ich meine Macht und Stärke nur meinen goldenen Haaren verdanke."

Weil Thomas nicht als Frühstück enden wollte, schlich er nachts ins Schlafzimmer des Riesen und schnitt ihm die langen, goldenen Haare ab.

Als der Riese am nächsten Morgen aufwachte, fühlte er sich sehr schwach. Er entdeckte seine Haare neben dem Bett und wusste, dass er nicht mehr die Kraft aufbringen würde, Thomas zu essen. Eilig floh er aus dem Schloss.

Sobald Thomas ihn davonlaufen sah, befreite er die Prinzessin. Zugleich verlor der Fluch des Riesen seine Wirkung, und im Schloss kehrte wieder Frieden ein.

Thomas und die Prinzessin aber verliebten sich ineinander und feierten bald Hochzeit.

Der Fuchs und die Ziege

An einem heißen Tag suchte ein Fuchs etwas zu trinken. Endlich fand er auf einem Bauernhof einen Brunnen. Über den Rand sah er, dass das Wasser tief unten war. Vorsichtig stieg er auf den Rand des Brunnens. Er konnte das kühle Nass schon riechen, erreichte es aber nicht. Ein letztes Mal versuchte er es und streckte die Zunge heraus.

Da verlor er das Gleichgewicht und fiel in den Brunnen. PLATSCH! Als er versuchte, wieder herauszuklettern, rutschte er immer wieder an den glatten Wänden ab. Er saß fest!

Nach einiger Zeit kam eine durstige Ziege zum Brunnen. Sie war überrascht, den Fuchs im Wasser zu sehen.

„Was tust du da unten?", fragte sie.

„Ich kühle mich ein wenig ab", antwortete der Fuchs. „Das Wasser dieser Quelle ist das beste weit und breit. Komm doch herunter und probier es auch einmal."

Der Ziege war heiß, sie hatte Durst, und das Wasser sah wirklich verlockend aus. Da sprang sie in den Brunnen.

„Du hast recht!", sagte sie, nahm einen großen Schluck und streckte sich im Wasser aus. „Hier ist es herrlich kühl."

Bald wollte die Ziege aber wieder nach Hause gehen.

„Wie kommen wir wieder hinaus?", wollte sie wissen.

„Das ist ein Problem", gab der Fuchs zu, „aber ich habe eine Idee.

Wenn du die Beine ausstreckst, kannst du dich gegen die Wände stemmen. Dann kann ich auf deinen Rücken klettern und hinausspringen."

„Schön und gut, aber was ist mit mir?", wollte die Ziege wissen.

„Wenn ich oben bin, werde ich dir helfen", erklärte der Fuchs. Also stemmte sich die Ziege zwischen die Brunnenwände, der Fuchs stieg auf ihren Rücken und sprang hinaus.

„Danke!", lachte er und drehte sich zum Gehen um.

„Warte! Was ist mit mir? Wie komme ich nun heraus?", rief die Ziege.

„Das hättest du dir überlegen sollen, bevor du hineingesprungen bist", antwortete der hinterlistige Fuchs – und lief davon.

Flug ins Abenteuer

Für Eric gab es nichts Schöneres, als zu fliegen. In seinen Träumen flog er jede Nacht rund um die Erde. Jeden Morgen sprang er in sein Flugzeug und düste damit zu den Wolken hinauf.

„Jippieee!", rief er und flog einen Looping. „Das ist das tollste Gefühl auf der ganzen Welt!"

Aber Erics Flugabenteuer waren viel zu schnell vorbei, denn leider musste er auch in die Schule gehen und Hausaufgaben erledigen. Daher beschloss er, seinen Traum am Wochenende wahr zu machen.

„Diesmal werde ich weiter fliegen als je zuvor", sagte er.

Um Mitternacht packte Eric etwas zu essen und Wechselkleidung ein. Dann stieg er in sein Flugzeug. Seine Mutter und sein Vater schliefen, aber Erics Schwester winkte ihm durchs Fenster zu.

RRROAR! Erics Flugzeug schoss in den Himmel hinauf.

In der Ferne sah Eric das Meer im Mondschein glitzern.

„Mal sehen, ob nachts Piraten unterwegs sind", meinte er. Das Flugzeug flog über die schäumenden Wellen hinweg. Bald entdeckte Eric ein Schiff mit einer Piratenflagge. Im Ausguck saß ein Pirat.

„An die Kanonen, Matrosen!", rief der Mann, als er Eric sah. „Da ist ein Luftpirat unterwegs!"

Die Piraten richteten ihre Kanonenrohre auf das Flugzeug, doch noch bevor sie losfeuerten, war Eric schon meilenweit entfernt.

Er flog über verspielte Delfine hinweg, über springende Fische und riesige Kraken. Er sah einsame Inseln mit Palmen, die sich im Wind bogen. Dann kam wieder Land in Sicht, und er brauste über Felder und Städte, bis er unter sich einen Jahrmarkt entdeckte.

Dort landete Eric und schaute sich um. Es gab viele verschiedene Fahrgeschäfte, aber leider fehlte etwas.

„Hier gibt es ja gar kein Riesenrad", stellte ein Mädchen enttäuscht fest. „Ich möchte den Jahrmarkt so gerne von oben sehen."

Da hatte Eric eine Idee. Er lief zu seinem Flugzeug und rief laut: „Hereinspaziert! Wer hat Lust auf einen Freiflug?"

Bald bildete sich eine Menschenschlange. Eric drehte mit jedem Besucher eine Runde über dem Jahrmarkt.

Als dort die Lichter ausgingen, düste Eric weiter und kam zu den höchsten Bergen, die er je gesehen hatte. Auf den Gipfeln glitzerte der Schnee im Sonnenlicht. Eric stieg in Spiralen bis zu den höchsten Bergspitzen hinauf.

„Die Schneehauben sehen aus wie Eiscreme", meinte er. „Das macht mich hungrig."

Da bemerkte er ein kleines Café hoch oben auf dem höchsten Berg. Sanft setzte er mit seinem Flugzeug auf und bestellte eine heiße Schokolade mit Mäusespeck und Marzipanstreuseln.

Allmählich ging die Sonne unter, und die Sterne begannen am Himmel zu funkeln. Eric gähnte.

„Es ist wohl an der Zeit, nach Hause zu fliegen", sagte er.

Aber er war so lange geflogen, dass er sich nicht mehr an den Weg erinnern konnte. „Hätte ich doch nur eine Landkarte mitgenommen", seufzte er. „Komm, mein kleines Flugzeug! Lass uns weiterfliegen und sehen, wo wir herauskommen."

Schließlich erreichten sie eine belebte Stadt.

„Diese Straßen kenne ich!", rief Eric.

Da sah er jemanden winken – nämlich seine Mutter, seinen Vater und seine Schwester. Eric war einmal rund um den Erdball geflogen und nun wieder zu Hause angekommen!

Von wegen zu klein!

Bobby war der Kleinste in seiner Familie. Er liebte es, mit seinen großen Brüdern zu spielen. Aber es gefiel ihm nicht, dass er immer zu Hause bleiben musste, wenn sie loszogen, um die Gegend zu erkunden.

„Du bist zu klein, um mitzukommen", sagten sie jedes Mal. „Warte, bis du etwas größer bist."

Während seine Brüder unterwegs waren, munterte Bobby sich selbst auf, indem er sich Witze ausdachte.

Als seine Brüder wieder einmal umherstreiften, begann Bobbys Magen zu knurren. Er hatte Hunger!

Rundherum hingen die Bäume voller Blätter, aber die Äste waren viel zu hoch. Klein Bobby streckte seinen Rüssel, so weit er nur konnte, aber er kam nicht einmal an die untersten Zweige heran. Eine Träne kullerte über Bobbys Wange.

Da sagte eine heitere Stimme: „Weine doch nicht, Bobby!"

Als er sich umdrehte, sah er seine Brüder auf sich zukommen.

„Halte dich an meinem Schwanz fest", sagte einer von ihnen. „Wir zeigen dir das köstlichste Essen im Dschungel."

Bobby stapfte mit seinen Brüdern durch den Urwald. Sie führten ihn durch dichtes Gestrüpp und zu glitzernden Wasserlöchern.

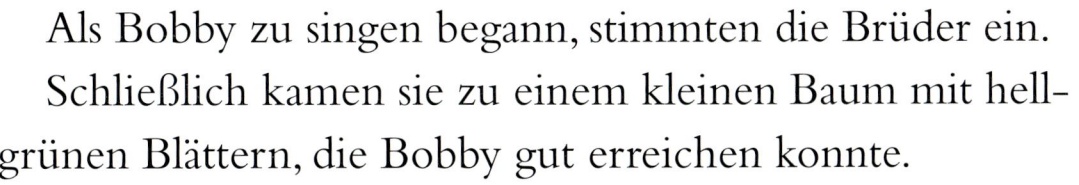

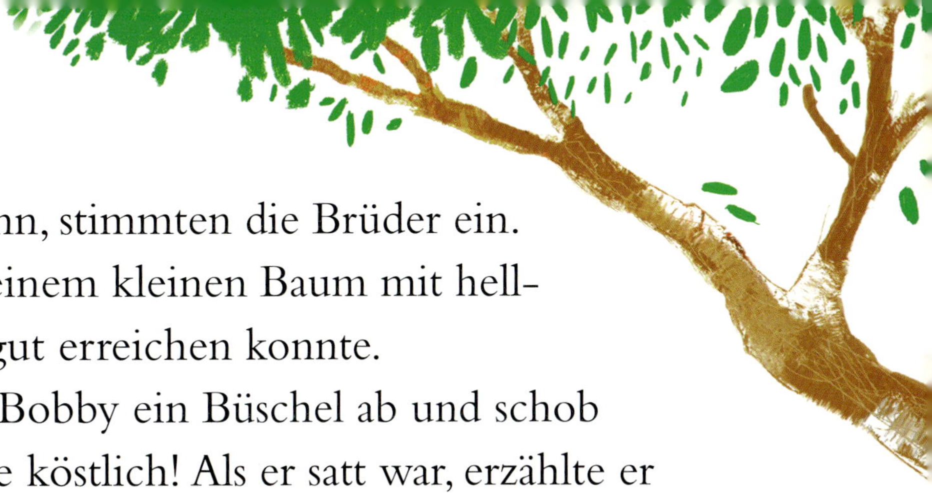

Als Bobby zu singen begann, stimmten die Brüder ein. Schließlich kamen sie zu einem kleinen Baum mit hellgrünen Blättern, die Bobby gut erreichen konnte.

Mit seinem Rüssel rupfte Bobby ein Büschel ab und schob es sich ins Maul. Hmmm, wie köstlich! Als er satt war, erzählte er den Brüdern seine besten Witze, und sie bogen sich vor Lachen.

„Kann ich jetzt immer mitkommen, wenn ihr loszieht?", wollte Bobby wissen.

Seine Brüder schlangen die Rüssel um ihn und lachten. „Ja, bitte komm immer mit!", riefen sie. „Mit dir machen unsere Ausflüge viel mehr Spaß!"

Neue Freunde

Konrad Kaninchen liebte die Nachtzeit. Er wohnte auf einem grasbewachsenen Hügel am Waldrand. Wenn der Mond am Himmel erschien, machte Konrad es sich in seiner Baumhöhle gemütlich, schlug sein Lieblingsbuch auf und las im Schein der Sterne. Es war herrlich, dabei das Heulen der Eulen und das Zirpen der Grillen zu hören.

Die meisten Geschichten in Konrads Buch handelten von Freunden, die gemeinsam Abenteuer erlebten.

„Bestimmt macht es Spaß, einen Freund oder eine Freundin zu haben", überlegte Konrad. Doch auf seinem Hügel hatte er noch nie ein anderes Kaninchen gesehen.

So las er weiter seine Geschichten und träumte von einem Spielkameraden.

Eines Nachts hörte Konrad plötzlich ein Zischen, und ein funkelnder, heller Stern sauste vorbei. Gleich darauf folgte der nächste Glitzerstern und dann schon der dritte.

Als Konrad nach oben blickte, sah er einige der hellsten Sterne vom Himmel fallen. Noch mehr staunte er aber, als die Sterne auf einmal die Form eines Kaninchens bildeten.

„Hallo", sagte das Sternenkaninchen. „Hast du Lust zu spielen?"

Konrad sprang aus seiner Höhle. „Au ja!", rief er.

Fröhlich spielten die beiden miteinander. Sie rannten herum, hüpften um die Wette und buddelten in der Erde. Danach ließen sie sich alle Möhren aus Konrads Bau schmecken.

„Ich hätte nie gedacht, dass es so toll ist, einen Freund zu haben!", staunte Konrad. „Was spielen wir als Nächstes?"

Die Augen des Sternenkaninchens blitzten übermütig „Wie wäre es mit Verstecken?", schlug es vor. „Ich verstecke mich zuerst."

Konrad hielt die Pfoten vor seine Augen und zählte bis zehn. Als er sich umsah, war das Sternenkaninchen verschwunden.

„Ich komme!", rief Konrad. Er suchte im hohen Gras, zwischen den Bäumen und im Unterholz, doch er konnte das Sternenkaninchen nicht finden.

Da fiel ihm die Baumhöhle ein. Als er hineinspähte, sah er ein flauschiges Schwänzchen. „Hab' dich!", rief er freudig aus.

Doch es war gar nicht das Sternenkaninchen! Ein weißes Kaninchenmädchen hopste aus der Höhle und blickte ihn ängstlich an.

„Ich habe mich verlaufen und wollte mich nur ein bisschen ausruhen", erklärte es. „Mein Name ist Sarah."

Konrad fragte: „Hast du Lust, Verstecken zu spielen und das Sternenkaninchen kennenzulernen?"

Sarah lächelte. „Ich möchte gerne Verstecken spielen", sagte sie. „Und das Sternenkaninchen habe ich schon gesehen. Er hat mir den Weg zu deinem Bau gezeigt."

Sarah deutete nach oben, und Konrad schnappte nach Luft. Das Sternenkaninchen war wieder an den Himmel zurückgekehrt!

Sarah und Konrad legten sich ins Gras, und Konrad erzählte von seinen Spielen mit dem Sternenkaninchen. Da glaubte er das blinkende Kaninchen am Himmel zwinkern zu sehen.

„Ich hoffe, du bleibst hier", sagte Konrad zu Sarah. „Es macht so viel Spaß, gemeinsam zu spielen."

„Ich bleibe gerne", sagte Sarah. „Ich wünsche mir schon lange einen Freund."

Als die Sonne aufging und die Sterne verblassten, waren Konrad und seine neue Freundin Pfote in Pfote eingeschlafen.

Der schüchterne Krake

Harry war ein schüchterner Krake, der in einer ruhigen Ecke des Korallenriffs lebte. Er kam nur selten aus seinem Versteck, und wenn er einmal zufällig jemandem begegnete, zwängte er sich schnell in die nächstbeste Felsritze. Er war nämlich so beweglich, dass er selbst durch die schmalsten Engpässe passte.

Eines Tages hörte Henry jemanden um Hilfe rufen.

„Hilfe!", piepste ein feines Stimmchen. „Ich bin es, die Krabbe! Ich bin in einen Spalt gefallen und komme nicht mehr heraus!"

Harry spähte aus seinem Schlupfwinkel und sah, wie sich die anderen Meerestiere abmühten, um die Krabbe zu befreien.

Zuerst versuchte sich das Seepferdchen durch den Spalt zu quetschen, dann der Engelfisch und zuletzt der Aal. Doch ohne Erfolg, alle waren viel zu groß! Da beschloss Harry zu helfen.

Er hüstelte schüchtern und sagte: „Entschuldigung!" Geschickt wand er seinen biegsamen Körper durch den Spalt und zog die kleine Krabbe mit einem seiner Fangarme heraus. Alle jubelten.

„Du bist mein Held!", seufzte die Krabbe und lächelte dankbar.

Vor Freude errötete Harry ein wenig. Vielleicht war es ja gar nicht so schwierig, neue Freunde zu finden!

Das einsame Ungeheuer

Von überall reisten die Menschen zum Palmsee, um das berühmte Seeungeheuer zu sehen. Doch niemand hatte es je zu Gesicht bekommen. Einmal saß der Junge Franz am Ufer, als er ein Platschen hörte. Er blieb ganz ruhig. Da stieg das Ungeheuer aus dem See.

„Oh!", staunte Franz. „Du bist ja nicht größer als ein Kätzchen."

Das Ungeheuer hüpfte in die Höhe. „Bitte erzähle niemandem, dass du mich gesehen hast!", flehte es ihn an. „Die Menschen werden enttäuscht sein, weil ich so klein bin. Und dann wird niemand mehr zum See kommen, und ich werde noch einsamer sein als bisher."

Doch das sah Franz anders. „Alle werden begeistert sein!", rief er.

Er zeigte dem Ungeheuer, wie man Fangen und Verstecken spielt. Bald wusste die ganze Stadt, dass im Palmsee ein wunderbares, kleines Ungeheuer lebte. Es kamen mehr Besucher als jemals zuvor, und das Ungeheuer war nie wieder allein.

Matschpfötchen und die Geburtstagsparty

Eines Tages wachte Matschpfötchen auf und stellte fest, dass sich etwas verändert hatte. Auf einmal gab es ganz viele neue Sachen im Haus! Aufgeregt schnüffelte er herum. Was war hier los? Wo war Ben? Er rannte los, um ihn zu finden.

„WUFF!", bellte Matschpfötchen und legte Ben seinen Lieblingsball vor die Füße.

Aber Ben spielte mit einem seltsamen, glänzenden Ding. Und dieses seltsame, glänzende Ding wurde größer … und größer … und GRÖSSER! Bens neues Spiel sah lustig aus! Matschpfötchen stürzte sich auf die seltsamen, glänzenden Dinge … Peng! Matschpfötchen sprang zur Seite. Dieses Spiel gefiel ihm nicht!

Aber was war das für ein köstlicher Geruch, der da aus der Küche kam? Sein Schwanz fing an zu wedeln. Würstchen!

Bestimmt hätte niemand etwas dagegen, wenn er mal probierte. Aber jemand hatte doch etwas dagegen: Bens Mama! Und sie jagte ihn in den Garten. Matschpfötchens Schwanz hörte auf zu wedeln. Warum wollte Ben nicht mit ihm spielen? Warum war heute alles anders als sonst? Vielleicht wollte Katze Lotti ja mit ihm spielen

„WUFF!", bellte Matschpfötchen. „Spiel mit mir!" Doch Lotti stolzierte mit erhobener Nase davon. Sie hatte schließlich Besseres zu tun, als mit einem Welpen zu spielen – zum Beispiel, sich im Gras zu wälzen!

Plötzlich ging quietschend das Gartentor auf und der Garten füllte sich mit stampfenden Füßen, neuen Gerüchen und lauten Stimmen. Eine ganze Horde von Kindern rannte durch den Garten ins Haus. Irgendetwas sehr Interessantes ging da vor sich. Und Matschpfötchen musste ganz allein im Garten hocken!

Die Blumen waren langweilig. Das Gras war langweilig. Sogar die Gerüche waren langweilig. Und außerdem wurde Matschpfötchen langsam hungrig.

Er versuchte, seinen Knochen zu finden, doch der war verschwunden. Was passierte da gerade im Haus? Vielleicht würde er durchs Fenster etwas erkennen können. Matschpfötchen drückte seine Nase an die Scheibe. Ben und die anderen Kinder rannten herum und lachten. Es sah aus, als hätten sie jede Menge Spaß!

Matschpfötchen wollte auch mit dabei sein – mehr als alles in der Welt. Jetzt betrat Bens Mama das Zimmer. Sie trug etwas, das hell flackerte. Es war der größte, leckerste Kuchen, den Matschpfötchen je gesehen hatte. Und er war mit kleinen Lichtern bedeckt! Matschpfötchen leckte sich die Schnauze und drückte sein Näschen noch fester an die Scheibe. Plötzlich ging die Tür auf. Es war Ben.

„Mama sagt, dass du jetzt reinkommen darfst!", rief Ben.

Doch auf einmal wollte Matschpfötchen nicht mehr reinkommen. Er mochte die glänzenden Dinge nicht, die „peng" machten. Er mochte es nicht, wenn Bens Mama mit ihm schimpfte. Er mochte die neuen Kinder nicht, die in seinem Haus waren.

Da warf Ben Matschpfötchens Ball hoch in die Luft. Sofort vergaß Matschpfötchen die großen, glänzenden Dinge. Er vergaß die neuen Kinder. Er vergaß sogar das Schimpfen von Bens Mama. Ben wollte mit ihm spielen! Matschpfötchen sprang wild umher und bellte vor Freude. Er rannte so schnell er konnte, um den Ball zu holen, und brachte ihn wieder zu Ben zurück. Ben nahm Matschpfötchen auf den Arm und knuddelte ihn.

„Es tut mir leid, Matschpfötchen", flüsterte er. „Du wusstest nicht, dass ich heute Geburtstag habe. Aber du weißt schon, dass du mein bester Freund bist, oder? Und beste Freunde machen alles zusammen – vor allem teilen sie ihre Geburtstags-leckereien!"

„WUFF!", bellte Matschpfötchen. „Würstchen!"

Der weiße Elefant

Es war einmal ein prächtiger weißer Elefant, der tief im Wald lebte. Er hatte ein großes Herz und sorgte liebevoll für seine blinde Mutter. Ihre Höhle lag an einem wunderschönen See, der von rosafarbenen Lotusblüten umgeben war.

Eines Tages verlief sich ein Förster im Wald. Hilflos irrte er durchs dichte Gestrüpp. Schließlich begann er zu weinen und laut um Hilfe zu rufen. Der Elefant, der gerade Früchte für seine Mutter pflückte, hörte die verzweifelten Rufe. Er zeigte dem Mann den Weg aus dem Wald. Der Förster dankte dem Elefanten und lief erleichtert nach Hause.

Kurz darauf hörte der Förster, dass der persönliche Elefant des Königs Brahmadutta gestorben war und dass der König nun einen neuen Elefanten suchte. Da fiel dem Förster der freundliche weiße Elefant wieder ein. Wenn er dem König von ihm erzählte, bekäme er sicher eine Belohnung!

Am nächsten Tag führte der Förster den König zur Höhle des weißen Elefanten. Der Elefant war traurig, dass der Förster nur an sich dachte. Doch weil er niemanden verletzen wollte, wehrte er sich nicht und ließ sich zum Königsschloss führen. Unterdessen ahnte seine arme Mutter, dass ihr Sohn fortgebracht worden war. Sie legte sich in ihrer Höhle auf den Boden und weinte bitterlich.

Für den weißen Elefanten wurde im königlichen Elefantenhaus ein großer Empfang veranstaltet. Die Tierpfleger brachten ihrem neuen Schützling die köstlichsten Speisen, doch er rührte nichts davon an. Der weiße Elefant stand nur da und blickte traurig drein.

Als der König ihn fragte, was ihm fehlte, erzählte der Elefant von seiner blinden Mutter, die ohne seine Hilfe nicht überleben konnte.

Die Geschichte berührte den König so sehr, dass er dem Elefanten gestattete, zu seiner Mutter zurückzukehren.

So konnte sich der Elefant um seine Mutter kümmern, bis sie eines Tages ihren letzten Atemzug tat. Der König aber besuchte den Elefanten oft im Wald. Und als der weiße Elefant schließlich starb, ließ der König am Seeufer ein Elefantendenkmal errichten. Fortan wurde zur Erinnerung an den weißen Elefanten jedes Jahr ein Fest gefeiert.

Die eitle Krähe

Als eine Krähe einmal über die königlichen Schlossgärten hinwegflog, bemerkte sie einen Trupp prächtiger Pfauen, die stolz ihre leuchtend bunten Schwanzfedern zur Schau stellten. Die Krähe, die noch nie zuvor so schöne Federn gesehen hatte, spürte Neid in sich aufsteigen.

Ihre eigenen Federn waren schwarz und matt. „Ich wünschte, ich hätte so herrliche Federn wie die Pfauen", seufzte die Krähe.

Eines Tages entdeckte sie einige Pfauenfedern, die auf dem Boden lagen. Die Pfauen mussten sie verloren haben. Schnell hob die Krähe die Federn auf und steckte sie zwischen ihre Schwanzfedern.

„Seht mich nur an!", rief die Krähe und stolzierte vor den anderen Krähen auf und ab. Aber die lachten nur.

„Dann fliege ich eben zu den Pfauen!", rief die Krähe. „Sie werden sicher beeindruckt sein."

Aber auch die Pfauen lachten, als sie die Krähe sahen.

„Du gehörst nicht zu uns!", riefen sie. „Lass dich nicht mehr hier blicken!" Sie rupften alle Pfauenfedern wieder aus ihrem Gefieder.

Arme Krähe! Sie merkte, dass sie sich lächerlich gemachte hatte, und flog wieder zurück. Doch die anderen Krähen schimpften sie aus und jagten sie fort. Zu spät begriff sie, dass sie besser zu ihrer wahren Natur gestanden hätte, statt sich mit fremden Federn zu schmücken.

Das Trollmädchen Trixie

Vor langer Zeit wurde ein schelmischer Troll dabei erwischt, wie er immer wieder Ziegenböcke ärgerte. Zur Strafe wurden alle Trolle auf der Erde in ein kleines Land am Ende der Welt verbannt.

Anfangs mochten die Trolle ihr neues Zuhause. Hier konnten sie ungestört den ganzen Tag in ihren großen Nasen bohren und unanständige Geräusche von sich geben.

Doch es gab ein Problem. Bisher hatten die Trolle immer einzeln unter Brücken oder in Höhlen gelebt. Viele von ihnen hatten zuvor noch nie einen anderen Troll gesehen! Aber in ihrem kleinen Land konnten sie sich nicht aus dem Weg gehen, und bald mischte sich der Mief der vielen Trolle zu einem unerträglichen GESTANK!

Nun merkten sie, dass ihre Haare verklebt und ihre Hände schmutzig waren und dass ihr Mundgeruch jedem die Tränen in die Augen trieb.

Ein Trollmädchen namens Trixie schämte sich so für ihren Geruch, dass sie ihren ganzen Mut zusammennahm und ihre Stimme erhob.

„Vielleicht sollten wir uns waschen", schlug sie vor.

Die anderen Trolle starrten sie ungläubig an. Aber Trixie hatte einen Entschluss gefasst. Sie lief zum Fluss und hielt vorsichtig einen schmutzigen Zeh ins Wasser. Dann watete sie weiter und tauchte schließlich ganz unter. Wie kühl und erfrischend sich das anfühlte!

Die anderen Trolle sahen erstaunt zu, als Trixie lachend herumplanschte und sich wusch. Nach und nach trauten auch sie sich ins Wasser, und bald tobten alle im Fluss herum. Danach dufteten die Trolle wie frischer Morgentau!

Von nun an änderte sich ihr Leben. Die Trolle waren jetzt reinliche Gesellen. Sie verbrachten ihre Tage damit, sich zu waschen, ihren seidigen Pelz zu kämmen und ihre schimmernden Zähne zu putzen. Doch dabei vergaßen sie nicht ihre alten Lieblingsbeschäftigungen! Nach wie vor gaben sie gerne wüste Geräusche von sich, klopften derbe Sprüche, bohrten in ihren gewaltigen Nasen und zielten mit ihren Popeln auf andere Trolle!

Jans Schulausflug

Nichts interessierte Jan so sehr wie das Weltall. Er las jedes Weltraumbuch, das er nur auftreiben konnte, und manchmal träumte er sogar vom Universum. Als seine Klasse einen Ausflug ins Raumfahrtzentrum machte, merkte er vor lauter Aufregung nicht, dass seine Mitschüler längst weitergegangen waren. Als er sich umschaute, war er allein. Wo waren die anderen nur?

Jan kam zu einer offenen Tür mit einem Fenster. Kaum war er eingetreten, da fiel die Tür ins Schloss, und eine Stimme rief: „UND START!"

„Oh, oh!", japste Jan. Ein lautes Brausen erfüllte die Luft, und der Boden bebte. Dann zischte Jan auf und davon – schneller, als er je zuvor gereist war. Er befand sich in einer Rakete, geradewegs auf dem Weg ins Weltall!

Kopfüber schwebte er zu dem Fenster. Er sah den Mond, die Erde und Tausende von Sternen. Dann bemerkte er ein Raumschiff, aus dem lilafarbene Außerirdische mit fünf Armen winkten.

Endlich fand Jan die Steuerzentrale, in der ein Astronaut saß. „Bitte entschuldigen Sie", sagte Jan.

Weiter kam er nicht, denn der Astronaut
fiel vor Schreck in Ohnmacht.

Jan blieb nichts anderes übrig, als sich
ans Steuerpult zu setzen. Er versuchte sich
an alles zu erinnern, was er über Raketen wusste.
Entschlossen drückte er einen Knopf mit der Aufschrift
„NACH HAUSE".

HUI! Die Rakete wendete und raste zurück zur Erde. Bald
blinkte ein Fallschirmzeichen. Als Jan es berührte, glitt die Rakete
an einem riesigen Fallschirm zurück ins Raumfahrtzentrum.
Dort wartete schon Jans Klasse und applaudierte begeistert.

„Das war der beste Schulausflug aller Zeiten!", strahlte Jan.

Hans und die Bohnenranke

Es war einmal ein Junge namens Hans, der lebte bei seiner Mutter. Sie waren so arm, dass sie alles verkaufen mussten, um etwas zu essen zu haben.

Eines Tages sagte Hans' Mutter zu ihm: „Wir müssen Bella, unsere alte Kuh, verkaufen. Bring sie zum Markt, Hans, und denke daran, einen guten Preis auszuhandeln."

Also brachte Hans Bella zum Markt. Schon kurze Zeit später tauchte ein alter Mann auf.

„Willst du diese schöne Kuh verkaufen?", fragte der Mann.

„Ja", sagte Hans.

„Nun, ich gebe dir dafür diese Zauberbohnen", sagte der Mann. „Sie sehen unscheinbar aus, aber wenn du sie vergräbst, wirst du bald reich sein."

Reich werden hörte sich gut an! Hans gab Bella dem Mann und nahm die Bohnen. Als er seiner Mutter die Bohnen zeigte, wurde sie wütend.

„Du dummer Junge!", schrie sie und warf die Bohnen aus dem Fenster.

Als Hans am nächsten Morgen erwachte, war es sonderbar dunkel im Zimmer. Alles, was er durchs Fenster erspähen konnte, waren die Blätter einer riesigen Pflanze – einer so hohen Pflanze, dass er das obere Ende gar nicht sehen konnte.

„Das muss eine verzauberte Bohnenranke sein", rief Hans und begann, an der Ranke emporzuklettern. Ganz oben war ein riesengroßes Haus. Hans knurrte der Magen vor Hunger, und so klopfte er an der riesengroßen Tür. Eine Riesin öffnete.

„Bitte, könnte ich etwas Frühstück bekommen?", fragte Hans.

„Du wirst selbst Frühstück sein, wenn mein Mann dich findet!", sagte die Frau des Riesen.

Doch Hans bettelte und bat. Schließlich ließ sie ihn herein und gab ihm etwas Brot und Milch. Die Frau des Riesen hatte Hans gerade gezeigt, wo er sich verstecken konnte, als der Riese schlecht gelaunt nach Hause kam.

„Ich rieche Menschenfleisch!", brüllte der Riese.

„Du dummer Mann", sagte seine Frau. „Du riechst die Würstchen, die ich dir zum Frühstück gebraten habe." Der Riese aß ein riesengroßes Frühstück, und dann begann er, die riesigen Goldmünzen aus seiner Schatztruhe zu zählen.

Das Zählen machte ihn müde, und er schlief ein. Schnell wie der Blitz griff sich Hans zwei der großen Goldmünzen und kletterte die Bohnenranke wieder hinab. Seine Mutter freute sich sehr über das Gold!

„Du schlauer Junge, Hans!", lachte sie. „Wir werden nie wieder arm sein!"

Doch es dauerte nicht lange, und sie hatten das ganze Geld ausgegeben. Da beschloss der Junge, wieder an der Bohnenranke emporzuklettern. Wie beim ersten Mal klopfte Hans an die Tür und fragte die Frau des Riesen nach etwas zu essen. Er bettelte und bat, und schließlich ließ sie ihn ein. Sie gab ihm etwas Brot und Milch und versteckte ihn im Schrank, gerade als der Riese heimkam.

Als der Riese ein riesengroßes Mittagessen verzehrt hatte, brachte ihm seine Frau sein Hühnchen.

„Lege Eier!", schrie der Riese, und sofort legte die Henne ein goldenes Ei. Zehn Eier legte sie, bevor der Riese zu schnarchen anfing. Hans konnte sein Glück kaum fassen! Schnell wie der Blitz griff er sich die Henne und rannte davon.

Obwohl Hans und seine Mutter nun sehr reich waren, konnte Hans nicht anders – er beschloss, noch einmal die Bohnenranke emporzuklettern.

Dieses Mal wusste Hans, dass ihn die Frau des Riesen nicht einlassen würde, und so schlich er hinein, als sie nicht hinschaute, und versteckte sich schnell im Schrank. Wie immer kam der Riese heim und aß ein riesengroßes Abendbrot. Dann brachte ihm seine Frau seine Zauberharfe.

„Spiel!", brüllte er, und die Harfe begann zu spielen. Es war so schöne Musik, dass der Riese in Rekordzeit einschlief! Hans griff sich die Harfe und rannte los, aber die Harfe rief: „Meister! Helft!" Der Riese wachte sogleich auf und rannte hinter Hans her. Der Junge rutschte die Bohnenranke so schnell hinunter wie nie zuvor, doch der Riese holte auf!

„Mutter, bring mir die Axt!", schrie Hans, als er unten ankam. Dann hieb er mit aller Kraft auf die Bohnenranke ein. Knarz! Ächz! Der Riese kletterte rasch wieder nach oben, kurz bevor die Bohnenranke zu Boden krachte. Als seine Mutter die Harfe spielen hörte, umarmte sie Hans! Und die beiden lebten glücklich bis an ihr Lebensende.

Gute Fahrt, kleiner Drache!

Eines Tages ging der kleine Drache in der Sonne spazieren. Summ!, machten die Bienen. Piep!, machten die Vögel. Quiek!, machte der Busch …

„Was kann das sein?", wunderte sich der kleine Drache.

Es war ein Handwagen mit einer verbogenen Radachse.

„Bleib hier, ich hole Hilfe!", rief der kleine Drache ihm zu. Als er zurückkam, brachte er seine Freunde Prinz Pip, Prinzessin Pippa und Baron Boris mit. Sie hatten ein Seil dabei.

Alle packten mit an, um den quietschenden Wagen aus dem Gebüsch und auf die Straße zu ziehen.

„Er müffelt etwas", stellte Pippa fest. „Kommt, wir waschen ihn!"

Sie brachten den Wagen zur Höhle des kleinen Drachen und reinigten ihn. Pip richtete die Räder gerade. Pippa strich den Wagen blau mit gelben Tupfen. Und zuletzt gab Boris etwas Öl auf die Räder.

„Jetzt ist der Wagen wieder fit", stellte der kleine Drache fest. „Am besten bringen wir ihn dorthin zurück, wo wir ihn gefunden haben."

Da hallte vom Schloss der Essensgong zu ihnen hinüber, und die Kinder mussten nach Hause laufen. Also machte der kleine Drache sich allein auf den Weg, um den Wagen zurückzubringen. Doch die Räder sanken in den Boden ein und quietschten noch lauter als zuvor.

Der kleine Drache zog und zog, aber es war harte Arbeit! Erschöpft setzte er sich auf den Wagen, um sich ein wenig auszuruhen. Da rollte der Wagen plötzlich los! Schneller und schneller fuhr er den Hügel hinunter, wobei er wie von selbst durch die Kurven steuerte.

Bei dem Busch, hinter dem der Drache ihn entdeckt hatte, hielt der Wagen an. Der kleine Drache winkte und machte sich auf den Heimweg. Aber hinter ihm quietschte etwas. Der Wagen folgte ihm!

„Möchtest du mit mir kommen?", fragte der kleine Drache.

„Quiek", machte der Wagen, was so viel hieß wie: „Ja, gerne!"

So begleitete der magische Wagen den kleinen Drachen heim.

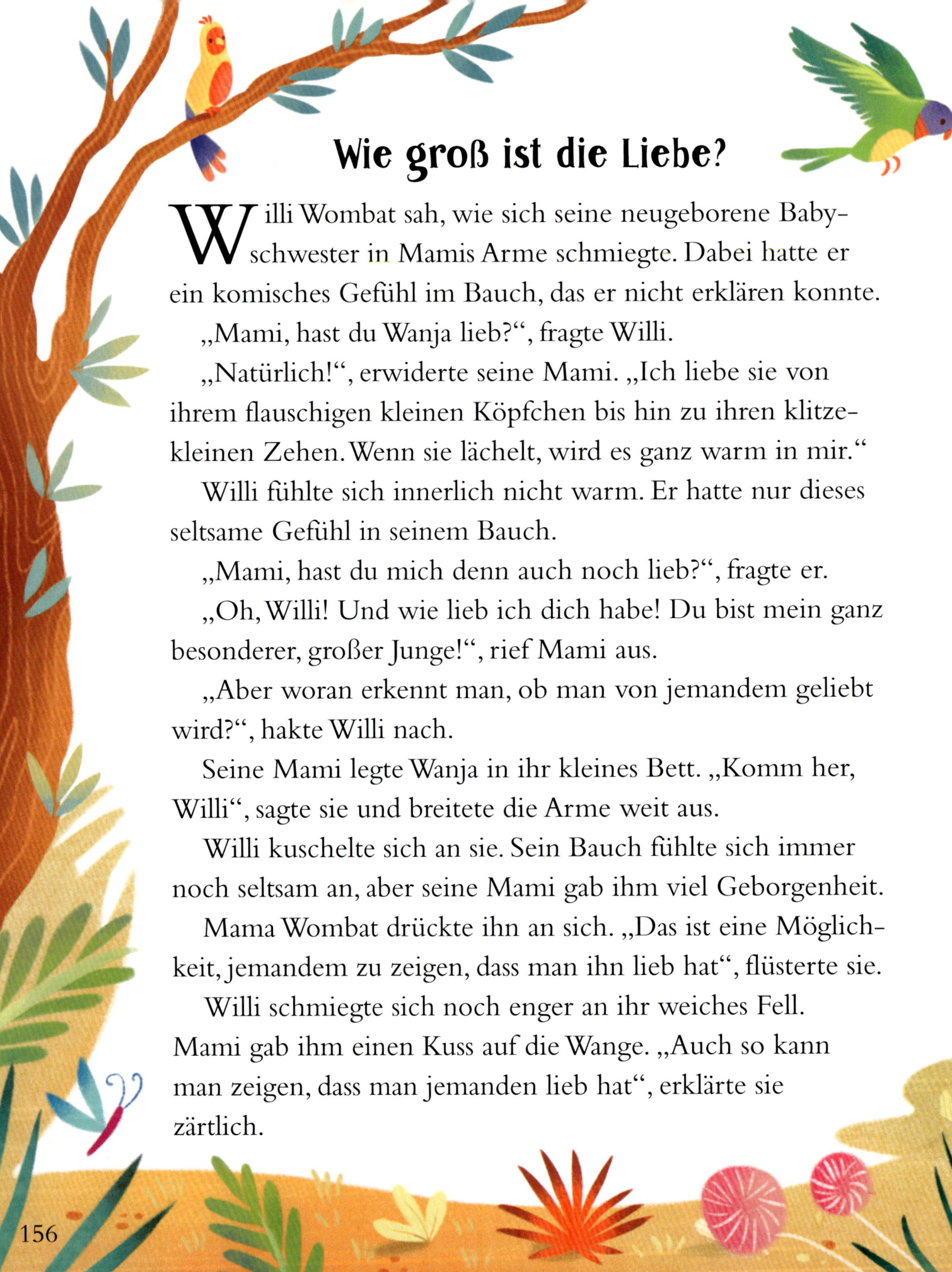

Wie groß ist die Liebe?

Willi Wombat sah, wie sich seine neugeborene Baby-schwester in Mamis Arme schmiegte. Dabei hatte er ein komisches Gefühl im Bauch, das er nicht erklären konnte.

„Mami, hast du Wanja lieb?", fragte Willi.

„Natürlich!", erwiderte seine Mami. „Ich liebe sie von ihrem flauschigen kleinen Köpfchen bis hin zu ihren klitze-kleinen Zehen. Wenn sie lächelt, wird es ganz warm in mir."

Willi fühlte sich innerlich nicht warm. Er hatte nur dieses seltsame Gefühl in seinem Bauch.

„Mami, hast du mich denn auch noch lieb?", fragte er.

„Oh, Willi! Und wie lieb ich dich habe! Du bist mein ganz besonderer, großer Junge!", rief Mami aus.

„Aber woran erkennt man, ob man von jemandem geliebt wird?", hakte Willi nach.

Seine Mami legte Wanja in ihr kleines Bett. „Komm her, Willi", sagte sie und breitete die Arme weit aus.

Willi kuschelte sich an sie. Sein Bauch fühlte sich immer noch seltsam an, aber seine Mami gab ihm viel Geborgenheit.

Mama Wombat drückte ihn an sich. „Das ist eine Möglich-keit, jemandem zu zeigen, dass man ihn lieb hat", flüsterte sie.

Willi schmiegte sich noch enger an ihr weiches Fell. Mami gab ihm einen Kuss auf die Wange. „Auch so kann man zeigen, dass man jemanden lieb hat", erklärte sie zärtlich.

Willi grinste. „Wie fühlt man sich denn, wenn man jemanden lieb hat?", erkundigte er sich jetzt.

Seine Mutter antwortete: „Liebe kann sich ganz unterschiedlich bemerkbar machen. Sie ist ein einzigartiges Gefühl. Sie erfüllt dich mit Glück. Sie sorgt dafür, dass du lächeln musst. Vielleicht willst du auch vor Freude herumspringen oder dich gemütlich zusammenrollen. Und manchmal gibt einem die Liebe auch das Gefühl, man habe Schmetterlinge im Bauch."

Willi presste sich noch dichter an seine Mami. „Kann es auch sein, dass die Liebe sich wie ein paar Kängurus anfühlt, die im Bauch auf- und abspringen?"

„Oh, mein kleiner Willi", seufzte die Mutter. „So fühlt sich dein Bauch also an?"

Willi blickte zu seiner kleinen Schwester hinüber, die leise vor sich hingluckste. „Ja, so fühlt es sich in meinem Bauch an, aber es macht mich nicht besonders glücklich", erwiderte er.

Seine Mami nahm Wanja wieder aus dem Bettchen und legte ihre Arme um beide Kinder.

„Ich glaube, dein Bauch sagt dir etwas anderes", meinte sie sanft. „Vielleicht bist du ein bisschen eifersüchtig auf deine Schwester."

„Wie meinst du das?", fragte Willi nach.

„Machst du dir Sorgen, dass ich dich wegen Wanja vielleicht weniger lieb haben könnte als bisher? Oder dass ich weniger Zeit für dich habe?", fragte seine Mami.

Willi nickte.

„Diese Gefühle sind ganz normal", versicherte Mama Wombat. „Es wird eine Weile dauern, bis du dich an deine kleine Schwester gewöhnt hast."

Willi atmete den vertrauten Duft seiner Mami tief ein.

„Dass ich Wanja lieb habe, bedeutet keineswegs, dass ich dich weniger liebe", sagte seine Mutter. „In meinem Herzen ist jede Menge Platz für euch beide."

Willi kletterte vom Schoß seiner Mutter. Die Kängurus in seinem Bauch hüpften nicht mehr ganz so wild auf und ab.

„Kann ich Wanja einmal in den Arm nehmen?", fragte er.

„Aber natürlich", nickte seine Mutter.

Wanja lächelte Willi an. Da begann er sich innerlich ganz warm und weich zu fühlen.

„Mami", sagte Willi. „Die Liebe ist wirklich GROSS, oder?"

„Ja, mein Schatz!", lachte seine Mami. „Ich habe dich sehr lieb, Willi Wombat", sagte sie und zog ihn näher zu sich heran.

„Ich habe dich auch sehr lieb, Mami", erwiderte Willi.

„Und dich auch, Wanja", flüsterte er seiner neuen kleinen Schwester leise zu.

Die Prinzen und der Wassergeist

Es war einmal ein König, der hatte drei Söhne. Sie wurden der Sternenprinz, der Mondprinz und der Sonnenprinz genannt. Die beiden älteren Söhne stammten von der ersten Frau des Königs, der jüngste von seiner zweiten Frau. Ihr hatte der König bei der Geburt des dritten Sohnes versprochen, dass sie einen Wunsch freihabe.

Viele Jahre später, die Prinzen waren längst herangewachsen, teilte die Königin ihrem Mann mit, was sie sich wünschte: Der König sollte sein Reich an den jüngsten Sohn übergeben.

„Das kann ich nicht tun, meine Liebe!", rief der König. „Es ist Brauch, dass immer der älteste Sohn der Thronfolger wird."

Die Königin war sehr verärgert, und der König befürchtete, dass sie versuchen könnte, den älteren Prinzen zu schaden. Deshalb schickte er die beiden schweren Herzens davon. Sie sollten vorerst im Wald leben.

Der jüngste Sohn aber beschloss, mit seinen Brüdern zu gehen. Bald erreichten sie einen Teich, an dem ein Wassergeist herrschte. Der Geist hatte die Macht über jeden, der zu ihm kam und nicht die richtige Antwort auf seine Frage wusste.

Als der Sonnenprinz etwas Wasser schöpfen wollte, fragte der Wassergeist: „Woran erkennt man die guten Feen?"

Der Prinz sagte: „Sie gleichen der Sonne und dem Mond."

„Falsch!", rief der Geist und zerrte den Prinzen in seine Höhle.

Bald zog der Mondprinz los, um nach seinem Bruder zu sehen.

„Oh, Prinz, woran erkennt man die guten Feen?", fragte der Geist.

„Sie sind wie der Himmel über uns", erwiderte der Mondprinz.

„Falsch!", kreischte der Geist und schleifte auch ihn in die Höhle.

Als der Älteste auftauchte, stellte der Geist ihm die gleiche Frage.

„Wenn ich die richtige Antwort weiß, musst du meine Brüder freilassen", forderte der Sternenprinz. „Die guten Feen haben reine Herzen und sind freundlich in Worten und Taten."

Damit war der Geist so zufrieden, dass er die Brüder aus der Gefangenschaft entließ.

Die drei lebten glücklich im Wald, bis eines Tages die Königin starb. Nun kehrten sie ins Schloss zurück, wo der Sternenprinz ein kluger und gütiger Herrscher wurde.

Großmaul und Mücke

Nils Mücking lebte mit seiner Mutter, seinem Vater und seinem Hund Dixie zusammen. Für sein Alter war er ziemlich klein, aber das störte ihn nicht.

Eines Tages zogen Nils und seine Familie in eine andere Stadt. Nils vermisste seine Freunde und dachte mit mulmigen Gefühlen an die neue Schule.

An seinem ersten Schultag brachte die Direktorin, Frau Müller, ihn zu seinem Klassenzimmer. Auf dem Flur stieß Nils mit einem größeren Jungen zusammen.

„Wie heißt du?", wollte der Junge wissen.

„Nils Mücking", sagte Nils mit einem freundlichen Ich-bin-neu-aber-nett-Lächeln.

„MÜCKEN-JUNGE!", johlte der andere.

Nils wusste nicht, was er darauf sagen sollte.

„Jakob!", wies Frau Müller den großen Jungen zurecht. „Das will ich nicht mehr hören!"

Sie lächelte Nils an. „Das hier ist dein Klassenraum. Ich werde dich deinem Lehrer vorstellen, Herrn Baum. Bestimmt magst du ihn."

„Ihr habt einen neuen Mitschüler, Nils Mücking", sagte Herr Baum zur Klasse. „Wir wollen ihn gemeinsam begrüßen!"

„Hallo, Nils!", rief die Klasse.

„Hallo, Mücke!", grölte Jakob.

„Lass das, Jakob!", fuhr Herr Baum ihn an. „Komm, Nils! Du kannst dich zu Elli und Lars setzen."

Nils spürte, wie er rot anlief.

Am nächsten Tag ging alles gut. Zu Beginn jedenfalls. Doch dann geschah es.

Nils trank gerade seinen Saft, als Jakob ihn anrempelte. Der Saft spritzte über Nils' Kleidung.

Jakob lachte und lief grinsend davon. Nils aber fühlte sich klein und schämte sich.

„Alles in Ordnung?", fragte Elli.

„Ja, ja", murmelte Nils. Aber nichts war in Ordnung!

Nun verging kein Tag mehr, an dem Jakob ihn nicht schikanierte. Mal schüttete er Wasser über ein Bild von Nils, mal schleuderte er Nils' Tasche herum.

Egal, wohin Nils ging und was er tat – Jakob war immer in der Nähe. Und immer fies.

So ging es weiter … und weiter … und weiter …

Eines Tages stieß Elli in der Pause auf Nils, der in einer Ecke weinte.

„Ist es wegen Jakob?", fragte sie mitfühlend.

Nils nickte und erzählte ihr alles.

„Zerbrich dir wegen ihm nicht den Kopf", meinte Elli. „Er ist nur einer von vielen. Ich bin deine Freundin, ich mag dich."

Nils mochte Elli auch. Es tat gut, mit ihr zu sprechen.

Aber schon am nächsten Morgen baute sich Jakob wieder vor ihm auf. Groß und gemein.

„Lästige Mücke!", zog Jakob ihn auf.

Obwohl Nils innerlich zitterte, dachte er daran, was Elli gesagt hatte. Und mit einer Stimme, die seiner ähnelte, aber viel lauter war, rief er: „HÖR AUF DAMIT! Nenn mich nicht Mücke!"

Jakob sah überrascht aus. Er starrte Nils an, dann lief er davon.

Aber damit waren die Gemeinheiten nicht vorbei. Nils brauchte seine neue, starke Stimme noch öfter.

Einige Tage später stieß Jakob ihn so fest, dass Nils rückwärts auf den Boden fiel.

Nils war fest entschlossen, sich nichts mehr gefallen zu lassen. „HÖR AUF, MICH ZU ÄRGERN!", rief er und sprang auf.

Plötzlich stand Elli neben ihm. „Hau ab, Jakob!", sagte sie. „Sonst erzählen wir es Herrn Baum."

Auf einmal sah Jakob nicht mehr so groß und auch nicht mehr ganz so gemein aus. Er schien zu schrumpfen und rannte weg.

Nils aber fühlte sich mutiger und stärker als zuvor. Eigentlich hatte er ja immer gewusst, dass es nicht so übel war, klein zu sein!

Nils hoffte, dass sein Widersacher ihn nun endlich in Ruhe lassen würde. Aber auf dem Heimweg tauchte Jakob plötzlich neben ihm auf. Nils' Herz hämmerte gegen seine Rippen.

„Es tut mir leid", flüsterte Jakob.

„Wie bitte?", staunte Nils.

„Es tut mir leid, ja?", meinte Jakob. „Ich werde es nicht mehr tun." Nach diesen Worten verschwand er.

Von jetzt an mochte Nils seine neue Schule – und seine Freunde Elli und Lars. Und Jakob ... na ja, er war gar nicht so übel!